바로보인

전傳등燈록錄

20

농선 대원 역저

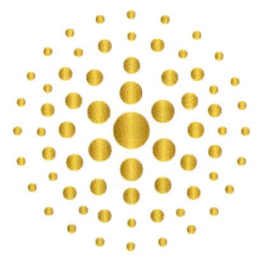

이 원상은 농선 대원 선사님께서 직접 그리신 것으로 모든 불성이 서로 상즉해 공존하는 원리를 담은 것이다.

선 심(禪心)

누리 삼킨 참나를
낙화(落花)로 자각(自覺)
떨어지는 물소리로 웃고 가는 길
돌에서 꽃에서도 님이 맞는다

 정맥 선원의 문젠 마크는 농선 대원 선사님께서 마음을 상징하는 달(moon)과 그 마음을 깨달아 마음이 내가 된 삶인 선(zen)을 평화의 상징인 비둘기로 형상화 하신 것이다.

교조 석가모니 부처님과
부처님으로부터 직계로 내려온
불조정맥 78대 조사들의
진영과 전법게

 불조정맥

    불조정맥이란 석가모니 부처님으로부터 현 78대 조사에 이르기까지 스승에게 깨달음의 인증인 인가를 받아 법을 전하라는 부촉을 받은 전법선사의 맥이다. 여기에 실린 불조진영과 전법게는 농선 대원 선사님께서 다년간 수집 정리하여 기도와 관조 끝에 완성하여 수립하신 것이다. 각 선사의 진영과 함께 실린 전법게는 스승으로부터 직접 전해 받은 게송이다. 단, 석가모니 부처님 진영에 실린 게송은 석가모니 부처님의 게송이다.

교조 석가모니 부처님

환화라고 하는 것 근본 없어 생긴 적도 없어서	幻化無因亦無生
모두가 스스로 이러-해서 본다 함도 이러-하네	皆則自然見如是
모든 법도 스스로 화한 남, 아닌 것이 없어서	諸法無非自化生
환화라 하지만 남이 없어 두려워할 것도 없네	幻化無生無所畏

제1조   마하가섭 존자

법이라는 본래 법엔 법이랄 것 없으나　　法本法無法
법이랄 것 없다는 법, 그 또한 법이라　　無法法亦法
이제 법이랄 것 없음을 전해줌에　　　　今付無法時
법이라는 법인들 그 어찌 법이랴　　　　法法何曾法

제2조   아난다 존자

법이란 법 본래의 법이라　　　　　　　法法本來法
법도 없고 법 아님도 없으니　　　　　　無法無非法
어떻게 온통인 법 가운데　　　　　　　何於一法中
법 있으며 법 아닌 것 있으랴　　　　　有法有非法

제3조   상나화수 존자

본래의 법 전함이 있다 하나　　　　　　本來付有法
전한 말에 법이랄 것 없다 했네　　　　付了言無法
각자가 스스로 깨달으라　　　　　　　各各須自悟
깨달으면 법 없음도 없다네　　　　　　悟了無無法

제4조   우바국다 존자

법 아니고 마음도 아니어서　　　　　　非法亦非心
맘이랄 것, 법이랄 것 없나니　　　　　無心亦無法
마음이다, 법이다 설할 때는　　　　　　說是心法時
그 법은 마음법이 아니로다　　　　　　是法非心法

제5조   제다가 존자

마음이란 스스로인 본래의 마음이니　　心自本來心
본래의 마음에는 법 있는 것 아니로다　本心非有法
본래의 마음 있고 법이란 것 있다 하면　有法有本心
마음도 아니요 본래 법도 아니로다　　　非心非本法

제6조　미차가 존자

본래의 마음법을 통달하면	通達本心法
법도 없고, 법 아님도 없도다	無法無非法
깨달으면 깨닫기 전과 같아	悟了同未悟
마음이니, 법이니 할 것 없네	無心亦無法

제7조　바수밀 존자

맘이랄 것 없으면 얻음도 없어서	無心無可得
설함에 법이라 이름할 것도 없네	說得不名法
만약에 맘이라 하면 마음 아님 깨달으면	若了心非心
비로소 마음인 마음법 안다 하리	始解心心法

제8조　불타난제 존자

가없는 마음으로	心同虛空界
가없는 법 보이니	示等虛空法
가없음을 증득하면	證得虛空時
옳고 그른 법이 없다	無是無非法

제9조　복타밀다 존자

허공이 안팎 없듯	虛空無內外
마음법도 그러하다	心法亦如此
허공이치 요달하면	若了虛空故
진여이치 통달하네	是達眞如理

제10조　파율습박(협) 존자

진리란 본래에 이름할 수 없으나	眞理本無名
이름에 의하여 진리를 나타내니	因名顯眞理
받아 얻은 진실한 법이라고 하는 것	受得眞實法
진실도 아니요, 거짓도 아니로세	非眞亦非僞

제11조　부나야사 존자

참된 몸 스스로 이러-히 참다우니	眞體自然眞
참됨을 설함으로 인해 진리란 것 있다 하나	因眞說有理
참답게 참된 법을 깨달아 얻으면	領得眞眞法
베풀 것도 없으며 그칠 것도 없다네	無行亦無止

제12조　아나보리(마명) 존자

미혹과 깨침이란 숨음과 드러남 같다 하나	迷悟如隱顯
밝음과 어둠이 서로가 여읠 수 없는 걸세	明暗不相離
이제 숨음이 드러난 법 부촉한다지만	今付隱顯法
하나도 아니요, 둘도 또한 아니로세	非一亦非二

제13조　가비마라 존자

숨었느니 드러났느니 하지만 본래의 법에는	隱顯卽本法
밝음과 어두움이 원래에 둘 아니라	明暗元不二
깨달아 마친 법을 전한다고 하지만	今付悟了法
취함도 아니요, 여읨도 아니로세	非取亦非離

제14조　나가르주나(용수) 존자

숨을 수도, 드러날 수도 없는 법이라 함	非隱非顯法
이것이 참다운 실제를 말함이니	說是眞實際
숨음이 드러난 법 깨달았다 하나	悟此隱顯法
어리석음도 아니요 지혜로움도 아니로다	非愚亦非智

제15조　가나제바 존자

숨었느니 드러났느니 하면 법에 밝다 하랴	爲明隱顯法
밝게 해탈의 이치를 설하려면	方說解脫理
저 법에 증득한 바도 없는 마음이어야 하니	於法心不證
성낼 것도 없으며 기쁠 것도 없다네	無嗔亦無喜

제16조   라후라타 존자

본래에 법을 전할 사람 대해	本對傳法人
해탈의 진리를 설하나	爲說解脫理
법엔 실로 증득한 바 없어서	於法實無證
마침도 비롯함도 없느니라	無終亦無始

제17조   승가난제 존자

법에는 진실로 증득한 바 없어서	於法實無證
취함도 없으며 여읨도 없느니라	不取亦不離
법에는 있다거나 없다는 상도 없거늘	法非有無相
안이니 밖이니 어떻게 일으키리	內外云何起

제18조   가야사다 존자

맘 바탕엔 본래에 남 없거늘	心地本無生
바탕의 인, 연을 쫓아 일으키나	因地從緣起
연과 종자 서로가 방해 없어	緣種不相妨
꽃과 열매 그 또한 그러하네	華果亦復爾

제19조   구마라다 존자

마음의 바탕에 지닌 종자 있음에	有種有心地
인과 연이 능히 싹 나게 하지만	因緣能發萌
저 연에 서로가 걸림이 없어서	於緣不相礙
마땅히 난다 해도 남이 남 아니로세	當生生不生

제20조   사야다 존자

성품에는 본래에 남 없건만	性上本無生
구하는 사람 대해 설할 뿐	爲對求人說
법에는 얻은 바 없거늘	於法旣無得
어찌 깨닫고, 깨닫지 못함을 둘 것인가	何懷決不決

제21조　바수반두 존자

말 떨어지자마자 무생에 계합하면　　言下合無生
저 법계와 성품이 함께 하리니　　　　同於法界性
만일 능히 이와 같이 깨친다면　　　　若能如是解
궁극의 이변 사변 통달하리　　　　　　通達事理竟

제22조　마노라 존자

물거품과 환 같아 걸릴 것도 없거늘　　泡幻同無礙
어찌하여 깨달아 마치지 못했다 하는가　如何不了悟
그 가운데 있는 법을 통달하면　　　　達法在其中
지금도 아니요, 옛 또한 아니니라　　　非今亦非古

제23조　학륵나 존자

마음이 만 경계를 따라서 구르나　　　心隨萬境轉
구르는 곳마다 실로 능히 그윽함에　　轉處實能幽
성품을 깨달아서 흐름을 따르면　　　　隨流認得性
기쁠 것도 없으며 근심할 것도 없네　　無喜亦無憂

제24조　사자보리 존자

마음의 성품을 깨달음에　　　　　　　認得心性時
사의할 수 없다고 말하나니　　　　　　可說不思議
깨달아 마쳐서는 얻음 없어　　　　　　了了無可得
깨달아선 깨달았다 할 것 없네　　　　得時不說知

제25조　바사사다 존자

깨달음의 지혜를 바르게 설할 때에　　正說知見時
깨달음의 지혜란 이 마음에 갖춘 바라　知見俱是心
지금의 마음이 곧 깨달음의 지혜요　　當心卽知見
깨달음의 지혜가 곧 지금의 함일세　　知見卽于今

제26조 불여밀다 존자

성인이 말하는 지견은	聖人說知見
경계를 맞아서 시비 없네	當境無是非
나 이제 참성품 깨달음에	我今悟眞性
도랄 것도, 이치랄 것도 없네	無道亦無理

제27조 반야다라 존자

맘 바탕에 참성품 갖췄으나	眞性心地藏
머리도, 꼬리도 없으니	無頭亦無尾
인연 응해 만물을 교화함을	應緣而化物
지혜라고 하는 것도 방편일세	方便呼爲智

제28조 보리달마 존자

마음에서 모든 종자 냄이여	心地生諸種
일(事)로 인해 다시 이치 나느니라	因事復生理
두렷이 보리과가 원만하니	果滿菩提圓
세계를 일으키는 꽃 피우리	華開世界起

제29조 신광 혜가 대사

내가 본래 이 땅에 온 것은	吾本來此土
법을 전해 중생을 구함일세	傳法救迷情
한 송이에 다섯 꽃잎 피리니	一花開五葉
열매 맺음 자연히 이뤄지리	結果自然成

제30조 감지 승찬 대사

본래의 바탕에 연 있으면	本來緣有地
바탕의 인에서 종자 나서 꽃핀다 하나	因地種華生
본래엔 종자가 있은 적도 없어서	本來無有種
꽃핀 적도 없으며 난 적도 없다네	華亦不曾生

제31조   대의 도신 대사

꽃과 종자 바탕으로 인하니	華種雖因地
바탕을 쫓아서 종자와 꽃을 내나	從地種華生
만약에 사람이 종자 내림 없으면	若無人下種
남 없어 바탕에 꽃핀 적도 없다 하리	華地盡無生

제32조   대만 홍인 대사

꽃과 종자 성품에서 남이라	華種有生性
바탕으로 인해서 나고 꽃피우니	因地華生生
큰 연과 성품이 일치하면	大緣與性合
그 남은 나도 남 아니로세	當生生不生

제33조   대감 혜능 대사

정 있어 종자를 내림에	有情來下種
바탕 인해 결과 내어 영위하나	因地果還生
정이랄 것도 없고 종자랄 것도 없어서	無情旣無種
만물의 근원인 도의 성품엔 또한 남도 없네	無性亦無生

제34조   남악 회양 전법선사

마음의 바탕에 모든 종자 머금어져	心地含諸種
널리 비 내림에 모두 다 싹트도다	普雨悉皆生
단박에 깨달아 정을 다한 꽃피움에	頓悟華情已
보리의 과위가 스스로 이뤄졌네	菩提果自成

제35조   마조 도일 전법선사

마음의 바탕에 모든 종자 머금어져	心地含諸種
비와 이슬 만남에 모두 다 싹이 트나	遇澤悉皆萌
삼매의 꽃핌이라 형상이 없거늘	三昧華無相
무엇이 무너지고 무엇이 이뤄지랴	何壞復何成

제36조   백장 회해 전법선사

마음 외에 본래에 다른 법이 없거늘　　　心外本無法
부촉함이 있다 하면 마음법이 아닐세　　有付非心法
원래에 마음법 없음을 깨달은　　　　　　旣知非法心
이러-한 마음법을 그대에게 부촉하네　　如是付心法

제37조   황벽 희운 전법선사

본래에 말로는 부촉할 수 없는 것을　　　本無言語囑
억지로 마음의 법이라 전함이니　　　　　强以心法傳
그대가 원래에 받아 지닌 그 법을　　　　汝旣受持法
마음의 법이라고 다시 어찌 말하랴　　　心法更何言

제38조   임제 의현 전법선사

마음의 법 있으면 병이 있고　　　　　　病時心法在
마음의 법 없으면 병도 없네　　　　　　不病心法無
내 부촉한 마음의 법에는　　　　　　　　吾所付心法
마음의 법 있는 것 아니로세　　　　　　不在心法途

제39조   흥화 존장 전법선사

지극한 도는 간택함이 없으니　　　　　　至道無揀擇
본래의 마음이라 향하고 등짐이 없느니라　本心無向背
이 같음을 감당해 이으려는가?　　　　　便如此承當
봄바람에 곤한 잠을 더하누나　　　　　　春風增瞌睡

제40조   남원 혜옹 전법선사

대도는 온통 맘에 있다지만　　　　　　　大道全在心
맘에 구함 있으면 그르치네　　　　　　　亦非在心求
그대에게 부촉한 자심의 도에는　　　　　付汝自心道
기쁨도 근심도 없느니라　　　　　　　　無喜亦無憂

제41조 풍혈 연소 전법선사

나 이제 법 없음을 말하노니　　　　我今無法說
말한 바가 모두 다 법 아니라　　　　所說皆非法
법 없는 법 지금에 부촉하니　　　　今付無法法
이 법에도 머무르지 말아라　　　　不可住于法

제42조 수산 성념 전법선사

말한 적도 없어야 참법이니　　　　無說是眞法
이 말함은 원래에 말함 없네　　　　其說元無說
나 이제 말한 적도 없을 때　　　　我今無說時
말함이라 말한들 말함이랴　　　　說說何曾說

제43조 분양 선소 전법선사

예로부터 말함 없음 부촉했고　　　　自古付無說
지금의 나 또한 말함 없네　　　　我今亦無說
다만 이 말함 없는 마음을　　　　只此無說心
모든 부처 다 같이 말한 바네　　　　諸佛所共說

제44조 자명 초원 전법선사

허공이 형상이 없다 하나　　　　虛空無形像
형상도, 허공도 아닐세　　　　形像非虛空
내 부촉한 마음의 법이란　　　　我所付心法
공도 공한 공이어서 공 아닐세　　　　空空空不空

제45조 양기 방회 전법선사

허공이 면목이 없듯이　　　　虛空無面目
마음의 상 또한 이와 같네　　　　心相亦如然
곧 이렇게 비고 빈 마음을　　　　卽此虛空心
높은 중에 높다고 하는 걸세　　　　可稱天中天

제46조　백운 수단 전법선사

마음의 본체가 허공같아	心體如虛空
법 또한 허공처럼 두루하네	法亦遍虛空
허공 같은 이치를 증득하면	證得虛空理
법도 아니요, 공한 맘도 아니로세	非法非心空

제47조　오조 법연 전법선사

도에는 나라는 나 원래 없고	道我元無我
도에는 맘이란 맘 원래 없네	道心元無心
오직 이 나라 함도 없는 법으로	唯此無我法
나라 함 없는 맘에 일체하네	相契無我心

제48조　원오 극근 전법선사

참나에는 본래에 맘이랄 것 없으며	眞我本無心
참마음엔 역시나 나랄 것 없으나	眞心亦無我
이러-히 참답게 참마음에 일체되면	契此眞眞心
나를 나라 한들 어찌 거듭된 나겠는가	我我何曾我

제49조　호구 소륭 전법선사

도 얻으면 자재한 마음이고	得道心自在
도 얻지 못하면 근심이라 하나	不得道憂惱
본래의 마음의 도 부촉함에	付汝自心道
기쁨도, 근심도 없느니라	無喜亦無惱

제50조　응암 담화 전법선사

맑던 하늘 구름 덮인 하늘 되고	天晴雲在天
비 오더니 젖어있는 땅일세	雨落濕在地
비밀히 마음을 부촉함이여	秘密付與心
마음법이란 다만 이것일세	心法只這是

제51조　밀암 함걸 전법선사

부처님은 눈으로써 별을 보고	佛用眼觀星
난 귀로써 소리를 들었도다	我用耳聽聲
나의 함이 부처님의 함과 같아	我用與佛用
내 밝음이 그대의 밝음일세	我明汝亦明

제52조　파암 조선 전법선사

부처와 더불어 중생의 보는 것이	佛與衆生見
원래 근본 부처인데 금 그은들 바뀌랴	元本佛隔線
그대에게 부촉한 본연의 마음법에는	付汝自心法
깨닫고 깨닫지 못함도 없느니라	非見非不見

제53조　무준 사범 전법선사

내가 만약 봄이 없다 할 때에	我若不見時
그대 응당 봄이 없이 보아라	汝應不見見
봄에 봄 없어야 본연의 봄이니	見見非自見
본연의 마음이 언제나 드러났네	自心常顯現

제54조　설암 혜랑 전법선사

진리는 곧기가 거문고줄 같다는데	眞理直如絃
어떻게 침묵이나 말로 다시 할 것인가	何默更何言
나 이제 그대에게 공교롭게 부촉하니	我今善付囑
밝힌 마음 본래에 얻음이 없는 걸세	表心本無得

제55조　급암 종신 전법선사

사람에겐 미혹하고 깨달음이 본래 없는데	本無迷悟人
미했느니 깨쳤느니 제 스스로 분별하네	迷悟自家計
젊어서 깨달았다 말이나 한다면	記得少壯時
늙어서까지라도 깨닫지 못할 걸세	而今不覺老

제56조   석옥 청공 전법선사

이 마음이 지극히 광대하여	此心極廣大
허공에 비할 수도 없다네	虛空比不得
이 도는 다만 오직 이러-하니	此道只如是
밖으로 찾음 쉬어 받아 지녔네	受持休外覓

제57조   태고 보우 전법선사

지극히 큰 이것인 이 마음과	至大是此心
지극히 성스러운 이것인 이 법이라	至聖是此法
등불과 등불의 광명처럼 나뉨 없음	燈燈光不差
이 마음 스스로가 통달해 마침일세	了此心自達

제58조   환암 혼수 전법선사

마음 중의 본연의 마음과	心中有自心
법 중의 지극한 법을	法中有至法
내가 지금 부촉한다 하나	我今可付囑
마음법엔 마음법이라 함도 없네	心法無心法

제59조   구곡 각운 전법선사

온통인 도, 마음의 광명이라 할 것도 없으나	一道不心光
과거, 현재, 미래와 시방을 밝힘일세	三際十方明
어떻게 지극히 분명한 이 가운데	何於明白中
밝음과 밝지 않음 있다고 하리오	有明有不明

제60조   벽계 정심 전법선사

나 지금 법 없음을 부촉하고	我無法可付
그대는 무심으로 받는다 하나	汝無心可受
전함 없고 받음 없는 맘이라면	無付無受心
누구라도 성취하지 못했다 하랴	何人不成就

제61조 벽송 지엄 전법선사

마음이 곧 깨달음의 마음이요	心卽能知心
법이 곧 깨달음의 법이라	法卽可知法
마음법을 마음법이라 전한다면	法心付法心
마음도, 법도 아닐세	非心亦非法

제62조 부용 영관 전법선사

조사와 조사가 법 없음을 부촉한다 하나	祖祖無法付
사람과 사람마다 본래 스스로 지님일세	人人本自有
그대는 부촉함도 없는 법을 받아서	汝受無付法
긴요히 뒷날에 전하도록 하여라	急着傳於後

제63조 청허 휴정 전법선사

참성품은 본래에 성품이라 할 것 없고	眞性本無性
참법은 본래에 법이라 할 것 없네	眞法本無法
법이니 성품이니 할 것 없음 깨달으면	了知無法性
어떠한 곳엔들 통달하지 못하랴	何處不通達

제64조 편양 언기 전법선사

법도 아니고 법 아님도 아니고	非法非非法
성품도 아니고 성품 아님도 아니며	非性非非性
마음도 아니고 마음 아님도 아님이	非心非非心
그대에게 부촉하는 궁극의 마음법일세	付汝心法竟

제65조 풍담 의심 전법선사

부처님이 전하신 꽃 드신 종지와	師傳拈花宗
내가 미소지어 보인 도리를	示我微笑法
친히 손수 그대에게 분부하니	親手分付汝
받들어 지녀 누리에 두루하게 하라	持奉遍塵刹

제66조　월담 설제 전법선사

깨달아선 깨달은 바 없으며	得本無所得
전해서는 전함 또한 없느니라	傳亦無可傳
전함도 없는 법을 부촉함이여	今付無傳法
동서가 온통한 하늘일세	東西共一天

제67조　환성 지안 전법선사

전하거나 받을 법이 없어서	無傳無受法
전하거나 받는다는 맘도 없네	無傳無受心
부촉하나 받은 바 없는 이여	付與無受者
허공의 힘줄마저 뽑아서 끊었도다	掣斷虛空筋

제68조　호암 체정 전법선사

연류에 따른 일단사여	沿流一段事
머리도 꼬리도 필경 없네	竟無頭與尾
사자새끼인 그대에게 부촉하니	付與獅子兒
사자후 천지에 가득케 하라	哨吼滿天地

제69조　청봉 거안 전법선사

서 가리켜 동에 그림이여	指西喚作東
풍악산의 뭇 봉우리로다	楓嶽山衆峰
불조의 이러한 법을	佛祖之此法
너에게 분부하노라	分付今日汝

제70조　율봉 청고 전법선사

머리도 꼬리도 없는 도리	無頭尾道理
오늘 그대에게 전해주니	今日傳授汝
이후로 보림을 잘 하여서	此後善保任
영원히 끊어짐이 없게 하라	永遠無斷絶

제71조　금허 법첨 전법선사

그믐날 근원에 돌아간다 말했으나　　晦日豫言爲還元
법신에 그 어찌 가고 옴이 있으랴　　法身何有去與來
푸른 하늘 해 있고, 못 가운데 연꽃일세　日在靑天池中蓮
이 법을 분부하니 끊어짐이 없게 하라　此法分付無斷絕

제72조　용암 혜언 전법선사

'연꽃이 나왔다' 하여 보인 큰 도리를　示出蓮之大道理
다시 또 뜰 밑 나무 가리켜 보여서　　復亦指示庭下樹
후일의 크고 큰일 그대에게 부촉하니　後日大事與咐囑
잘 지녀 보림하여 끊어짐 없게 하라　保任善持無斷絕

제73조　영월 봉율 전법선사

사느니 죽느니 이 무슨 말들인고　　生也死也是何言
물밭엔 연꽃이고 하늘엔 해일세　　水田蓮花在天日
가없이 이러-해서 감출 수 없이 드러남　無邊無藏露如是
오늘 네게 분부하니 끊어짐 없게 하라　今日分付無斷絕

제74조　만화 보선 전법선사

봄산과 뜬구름을 동시에 보아라　　春山浮雲觀同時
중생들의 이익될 바 그 가운데 있느니라　普益衆生在其中
이 가운데 도리를 이제 네게 부촉하니　此中道理今付汝
계승해 끊임없이 번성케 할지어다　繼承無斷爲繁盛

제75조　경허 성우 전법선사

하늘의 뜬구름이 누설한 그 도리를　浮雲漏泄其道理
오늘날 선자에게 부촉하여 주노니　今日咐囑與禪子
철저하게 보림하여 모범을 보임으로　保任徹底示模範
후세에 끊어짐이 없게 할 맘, 지니게나　後世無斷爲持心

제76조 만공 월면 전법선사

구름과 달,산과 계곡이라,곳곳에서 같음이여	雲月溪山處處同
선가의 나의 제자 수산의 큰 가풍일세	叟山禪子大家風
은근히 무문인을 그대에게 분부하니	慇懃分付無文印
이 기틀의 방편이 활안 중에 있노라	一段機權活眼中

제77조 전강 영신 전법선사

불조도 전한 바 없어서	佛祖未曾傳
나 또한 얻은 바 없음을…	我亦無所得
가을빛 저물어 가는 날에	此日秋色暮
뒷산의 원숭이가 울고 있네	猿嘯在後峰

제78대 농선 대원 전법선사

부처와 조사도 일찍이 전한 것이 아니거늘	佛祖未曾傳
나 또한 어찌 받았다 하며 준다 할 것인가	我亦何受授
이 법이 2천년대에 이르러서	此法二千年
널리 천하 사람을 제도하리라	廣度天下人

부처님으로부터 직계로 내려온 불조정맥 제78대 농선 대원 선사님

농선 대원 전법선사의 3대 서원

오로지 정법만을 깨닫기 서원합니다.
입을 열면 정법만을 설하기 서원합니다.
중생이 다하는 그날까지 교화하기 서원합니다.

성불사 국제정맥선원 대웅전

성불사 국제정맥선원은

농선 대원 선사님께서 주석하시는 곳으로

대원 선사님의 지도하에 비구스님들이

직접 지은 도량이다.

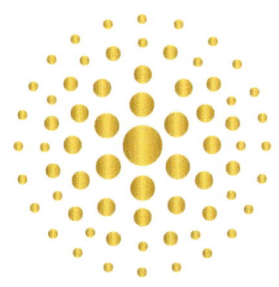

불교 8대 선언문

불교는 자신에게서 영생을 발견하게 한 유일한 종교이다.
불교는 자신에게서 모든 지혜를 발견하게 한 유일한 종교이다.
불교는 자신에게서 모든 능력을 발견하게 한 유일한 종교이다.
불교는 자신에게서 모든 것을 이루게 한 유일한 종교이다.
불교는 자신에게서 극락을 발견하게 한 유일한 종교이다.
불교는 깨달으면 차별 없어 평등하다는 유일한 종교이다.
불교는 모든 억압 없이 자신감을 갖게 한 유일한 종교이다.
불교는 그러므로 온 누리에 영원할 만인의 종교이다.

농선 대원 전법선사 주창

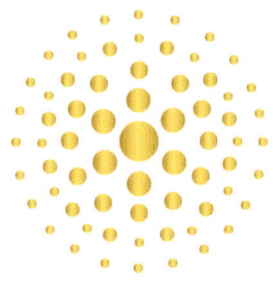

전세계의 불교계에서 통일시켜야 할 일

경전의 말씀대로 32상과 80종호를 갖춘 불상으로 통일해야 한다.

예불 드리는 법을 통일해야 한다.

불공의식을 통일해야 한다.

농선 대원 전법선사 주창

농선 대원 선사의 전등록 발간의 의의

　선문(禪文)이란 말 밖의 말로 마음을 바로 가리켜 깨닫게 하여 그 깨달은 마음 바탕에서 닦아 불지(佛地)에 이르게 하는 문(門)이다. 그러기에 지식이나 알음알이로는 헤아려 알 수 없는 것이어서 깨달아 증득하여 일체종지(一切種智)를 이룬 이가 아니고는 그 요지를 바로 보아 이끌어 줄 수 없다.

　지금 불교의 현실이 대본산 강원조차 이런 안목으로 이끌어 주는 선지식이 없어서 선종(禪宗) 최고의 공안집인 '전등록', '선문염송' 강의가 모두 폐강된 상황이다.
　이에 대원 선사님께서는 불조(佛祖)의 요지가 말이나 글에 떨어져 생사해탈의 길이 단절되는 것을 염려하여 깨달음의 법을 선리(禪理)에 맞게 바로 잡는 역경 작업에 혼신을 다하고 계신다.

　대원 선사님께서는 19세에 선운사 도솔암에서 활연대오한 후, 대선지식과의 법거량에서 한 치의 주저함도 없이 명쾌하게 응대하시니 당시 12대 선지식들께서 탄복해 마지않으셨다. 경봉 선사님과 조계종 지혜제일 전강 선사님과의 문답만을 보더라도 취모검과 같은 대원 선사님의 선지를 엿볼 수 있다.

맨 처음 통도사 경봉 선사님을 찾아뵈었을 때, 마침 늦가을 감나무에서 감을 따고 계신 경봉 선사님을 보자 감나무 주위를 한 번 돌고 서 있으니, 경봉 선사님께서 물으셨다.

"어디서 왔는가?"

"호남에서 왔습니다."

"무엇을 공부했는가?"

"선을 공부했습니다."

"무엇이 선이냐?"

"감이 붉습니다."

"네가 불법을 아는가?"

"알면 불법이 아닙니다."

위의 문답이 있은 후 경봉 선사님께서는 해제 법문을 대원 선사님께 맡기셨으나 대원 선사님께서는 아직 그럴 때가 아니라 여겨져 그 이튿날인 해제일 새벽 직전에 통도사를 떠나와 버리셨다.

또 광주 동광사에서 처음 전강 선사님을 뵈었을 때, 20대 초면의 젊은 승려인 대원 선사님께 전강 선사님께서 대뜸 '달마불식 도리'를 일러보라 하셨다. 대원 선사님께서 아무 말없이 다가가 전강 선사님의 목에 있는 점 위의 털을 뽑아 버리고 종무소로 가니, 전강 선사님께서 "여기 사람 죽이는 놈이 있다."하며 종무소까지 따라오다 방장실로 돌아가셨다.

그 이후 대원 선사님께서 군산 은적사에서 전강 선사님을 시봉하며 모시고 계실 때, 전강 선사님께서 또 물으셨다.

"공적의 영지를 일러라."

"이러-히 스님과 대담합니다."

"영지의 공적을 일러라."

"스님과 대담에 이러-합니다."

"이러-한 경지를 일러라."

"명왕은 어상을 내리지 않고 천하일에 밝습니다."

대원 선사님의 답에 전강 선사님께서는 희색이 만면해서 고개를 끄덕이며 당신 처소로 돌아가셨다.

이에 그치지 않고 전강 선사님께서 대구 동화사 조실로 계실 때, 대원 선사님께 말씀하셨다.

"대중들이 자네를 산으로 불러내어 그 중에 법성(조계종 종정 진제 스님)이 달마불식 도리를 일러보라 했을 때 '드러났다'라고 답했다는데, 만약에 자네가 양무제였다면 '모르오'라고 이르고 있는 달마 대사에게 어떻게 했겠는가?"

"제가 양무제였다면 '성인이라 함도 설 수 없으나 이러-히 짐의 덕화와 함께 어우러짐이 더욱 좋지 않겠습니까?' 하며 달마 대사의 손을 잡아 일으켰을 것입니다."

그러자 전강 선사님께서 탄복하며 말씀하셨다.

"어느새 그 경지에 이르렀는가?"

"이르렀다곤들 어찌하며 갖추었다곤들 어찌하며 본래라곤들 어찌하리까? 오직 이러-할 뿐인데 말입니다."
대원 선사님의 대답에 전강 선사님께서 크게 기뻐하셨다.

이와 같이 대원 선사님께서는 20대 초반에 이미 어떤 선지식의 물음에도 전광석화와 같이 답하셨으며 그 법을 쏨이 새의 길처럼 흔적 없는 가운데 자유자재하셨다.

깨달음의 방편에 있어서는 육조 대사께서 마주 앉은 자리에서 사람들을 깨닫게 하셨듯이, 제자들을 제접해 직지인심(直指人心)으로 스스로의 마음에 사무쳐 들게 하여 근기에 따라 보림해 갈 수 있도록 이끌어주시니, 꺼져가는 정법의 기치를 바로 일으켜 세움이라 하겠다.
또한 선지식이라면 이변(理邊)에서 뿐만이 아니라 사변(事邊)에서도 먼 안목으로 인류가 무엇을 어떻게 대비하며 살아가야 할지를 예언하고 이끌어 주어야 한다고 하셨다.
그래서 1962년부터 주창하시기를, 전 세계가 21세기를 '사막 경영의 시대'로 삼아 사막화된 지역에 '사막 해수로 사업'을 하여 원하는 지역의 기후를 조절해야 하고, 자원을 소모하는 발전소 대신 파도, 태양열, 풍력 등의 대체 에너지와 무한 원동기를 개발해야 한다고 하셨다. 또, 도로를 발전소화하여 전기를 생산하는 방법 등을 구체적으로 제안하시고, 천재지변을 대비하여 각자의 집에서 농사를 짓는 '울안의 농법'을 연구하시는 등 만인이 더 나은 삶을 살 수 있는 길을 끊임없이 일러 주고 계신다.

  이와 같이 대원 선사님께서는 일체종지를 이룬 지혜로, '참나를 깨달아 마음이 내가 된 삶'을 위한 깨달음의 법으로부터 닥쳐오는 재난을 막고 지구를 가장 살기 좋은 세상으로 만드는 방편까지 늘 그 방향을 제시하고 계신다.

  한편, 불교의 최고 경전인 '화엄경 81권'을 완간하여 불보살님의 불가사의한 화엄세계를 열어 보이셨으며, 선문 최대의 공안집인 '선문염송 30권' 1,463칙에 대하여 석가모니 부처님 이래 최초로 전 공안을 맑은 물 밑바닥 보듯이 회통쳐 출간하셨다.

  이제 대원 선사님께서는 7불과 역대 조사들의 깨달음의 진수가 담긴 '전등록 30권'을 그런 혜안(慧眼)으로 조사마다 선리의 토끼뿔을 더해 닦아 증득할 수 있도록 밝혀 보이셨다. 그리하여 생사윤회길을 헤매는 중생들에게 해탈의 등불이 되고자 하셨으며, 불조(佛祖)의 정법이 후세에까지 끊어지지 않게 하여 부처님 은혜에 보답하고자 하셨다.

  부처님 가신 지 오래 되어 정법은 약하고 삿된 법이 만연한 지금, 중생이 다하는 날까지 중생을 구제하기 서원하는 대원 선사님과 같은 명안종사(明眼宗師)가 계심은 불보살님의 자비광명이 이 땅에 두루한 은덕이라 하겠다.

바로보인 불법 ㊸

전傳등燈록錄

20

도서출판 문젠(구. 바로보인)은 정맥선원에서 운영하고 있습니다.

* 인제산(人濟山) 성불사(成佛寺) 국제정맥선원
  경기도 포천시 내촌면 소리개길 86-178 ☎ 031-531-8805
* 인제산(人濟山) 이문절 포천정맥선원
  경기도 포천시 내촌면 소리개길 86-123 ☎ 031-531-2433
* 백양산(白楊山) 자모사(慈母寺) 부산정맥선원
  부산시 동래구 아시아드대로 114번길 10 대륙코리아나 2층 212호 ☎ 051-503-6460
* 자모산(慈母山) 육조사(六祖寺) 청도정맥선원
  경북 청도군 매전면 동산리 산 50 ☎ 010-4543-2460
* 광암산(光巖山) 성도사(成道寺) 광주정맥선원
  광주광역시 광산구 삼도광암길 34 ☎ 062-944-4088
* 대통산(大通山) 대통사(大通寺) 해남정맥선원
  전남 해남군 화산면 송계길 132-98 중정마을 ☎ 061-536-6366

바로보인 불법 ㊸

전 등 록 20

초판 1쇄 펴낸날 단기 4354년, 불기 3048년, 서기 2021년 12월 30일

역   저 농선 대원 선사
펴 낸 곳 도서출판 문젠(Moonzen Press)
         11192, 경기도 포천시 내촌면 소리개길 86-178
         전화 031-534-3373 팩스 031-533-3387
신고번호 2010.11.24. 제2010-000004호

편집윤문출판 법심 최주희, 법운 정숙경
인디자인 전자출판 지일 박한재
한문원문대조 불장 곽병원
표 지 글 씨 춘성 박선옥
인   쇄 북크림

도서출판문젠 www.moonzenpress.com
정 맥 선 원 www.zenparadise.com
사막화방지국제연대(IUPD) www.iupd.org

ⓒ 문재현, 2021. Printed in Seoul, Republic of Korea
값 15,000원
ISBN 978-89-6870-620-2
ISBN 978-89-6870-600-4 04220(전30권)

 서 문

전등록은 말 없는 말이며 말 밖의 말이라서 학식이나 재치만으로는 번역이 실로 불가능한 일이다. 그러기에 육조단경(六祖壇經)을 보면 법화경을 삼천 번이나 독송한 법달(法達)은 글 한 자 모르시는 육조(六祖)께 경의 뜻을 물었고, 글을 모르시는 육조께서는 법화경의 바른 뜻을 설파하셔서 법달을 깨닫게 하신 것이다.

그런데 하루는 본인에게 법을 물으러 다니시던 부산의 목원 하상욱 본연님이 오셔서 시중에 나온 전등록 번역본 두세 가지를 보이시며 범인인 당신에게도 부처님과 조사님들의 본래 뜻에 맞지 않는 대문이 군데군데 눈에 뜨인다며 바른 의역의 필요성을 절감한다고 하셨다. 그 후로 전등록 번역을 바로 해주십사 하는 간청이 지극하여 비록 단문하나 이 일을 시작하게 되었다.

부처님과 조사님들의 근본 뜻에 어긋남이 없게 하기 위해 노력하였으나 약속한 기간 내에 해내기란 실로 벅찬 일이어서 혹시 미비한 점이 없지 않으리니 강호 제현의 좋은 지적이 있기를 바란다.

불법(佛法)이란 본자연(本自然)이라 누가 설(說)하고 누가 듣고 배울 자리요만 그렇지 못한 이가 또한 있어서 부처님과 조사님들의 허물이 생기는 것이다.

어떤 것이 부처인고?
화분의 빨간 장미니라.

이 가운데 남전(南泉) 뜰꽃 도리(道理)며 한산(寒山) 습득(拾得)의 웃음을 누릴진저.

단기(檀紀) 4354년
불기(佛紀) 3048년
서기(西紀) 2021년

무등산인 농선 대원 분향근서
(無等山人 弄禪 大圓 焚香謹書)

양억(楊億)의 경덕전등록 서문

석가모니께서 일찍이 연등 부처님의 수기를 받아, 현겁(賢劫)의 보처(補處)가 되어 이 땅에 탄강하시고 법을 펴서 교화하시기가 49년이었으니 방편과 진리, 돈오(頓悟)와 점수(漸修)의 문호를 여시고, 헤아릴 수 없이 많은 다양한 교법을 내려 주셨다.
　근기(根機)에 따라 진리를 깨닫게 하신 데서 삼승(三乘)의 차별이 생겼으니, 사물에 접하는 대로 중생을 이롭게 하여 한량없는 중생을 제도하셨다. 그 자비는 넓고 컸으며 그 법식(法式)은 두루 갖추어져 있었다.
　쌍림(雙林)에서 열반에 드실 때 가섭(迦葉)에게만 유촉하신 것이 차츰차츰 전하여 달마에 이르러서 비로소 문자를 세우지 않고 마음의 근원을 곧바로 보이게 되었으니, 차례를 밟지 않고 당장에 부처의 경지에 오르게 되어 다섯 잎[1]이 비로소 무성하고 천 개의 등불[2]이 더욱 찬란하여서, 보배 있는 곳에 이른 이는 더욱 많고, 법의 바퀴를 굴린 이도 하나가 아니었다.
　부처님께서 부촉하신 종지와 정법안장(正法眼藏)이 유통되는 도리는 교리 밖에서 따로 행해지는 불가사의(不可思議)한 것이다.
　태조(太祖)께서 거룩하신 무력으로 전란을 진압하신 뒤에 사찰을 숭상하여 제도의 문을 활짝 여셨고, 태종(太宗)께서 밝으신 변재로 비밀한 법을 찬술하시어 참된 이치를 높이셨으며, 황상(皇上)[3]께서 높으신 학덕으로 조사의 뜻을 이어 거룩한 가르침에 머릿말을 써서 종풍(宗風)을 잇게 하시니, 구름 같은 문장이 진리의 하늘에 빛나고, 부처의 황금같은 설법

---

1) 다섯 잎 : 중국 선종의 2조 혜가로부터 6조 혜능에 이르는 다섯 조사를 말한다.
2) 천 개의 등불 : 중국에 선법(禪法)이 전해진 이후 등장한 수많은 견성도인들을 말한다.
3) 황상(皇上) : 송의 진종(眞宗)을 말한다.

이 깨달음의 동산에 펼쳐졌다.

　대장경의 말씀에 비밀히 계합하고, 인도로부터의 법맥이 번창하니, 뭇 선행을 늘리는 이가 더욱 많아졌고, 요의(了義)[4]를 전하는 사람들이 간간이 나타나서 원돈(圓頓)의 교화가 이 지역에 퍼졌다.

　이에 동오(東吳)의 승려인 도원(道原)이 선열(禪悅)의 경지에 마음을 모으고, 불법의 진리를 샅샅이 찾으며, 여러 세대의 조사 법맥을 찾고, 제방의 어록(語錄)을 모아 그 근원과 법맥에 차례를 달고, 말씀들을 차례차례 엮되, 과거 7불로부터 대법안(大法眼)의 문도에 이르기까지 무릇 52세대, 1,701인을 수록하여 30권으로 만들어 경덕전등록이라 하여 대궐로 가지고 와서 유포해 주기를 청하였다.

　황상께서는 불법을 밖으로부터 보호하고자 하시고, 승려들의 부지런함을 가상히 여겨 마음가짐을 신중히 하고 생각을 원대히 하여 좌사간(左司諫) 지제고(知制誥) 양억(楊億)과 병부원외랑(兵部員外郞) 지제고(知制誥) 이유(李維)와 태상승(太常丞) 왕서(王曙) 등을 불러 교정케 하시니, 신(臣) 등은 우매하여 삼학(三學)[5]의 근본 뜻을 모르고 5성(五性)[6]의 방편에 어두우며, 훌륭한 번역 솜씨도 없고, 비야리 성에서 보인 유마 거사의 묵연(默然) 도리[7]에도 둔하건만 공손히 지엄하신 하명(下命)을 받들어 감히 끝내 사양하지 못하였다.

　그 저술된 내용을 두루 살펴보면 대체로 진공(眞空)[8]으로써 근본을 삼고 있고, 옛 성인께서 도에 들던 인연을 서술할 때나 옛 사람이 진리를 깨달은 이야기를 표현할 땐 근기와 인연의 계합함이 마치 활쏘기와 칼쓰

---

4) 요의(了義) : 일을 다 마친 도리, 깨달아서 깨달음마저 두지 않는 경지를 말한다.
5) 삼학(三學) : 계(戒), 정(定), 혜(慧).
6) 5성(五性) : 법상종의 용어. 일체중생의 근기를 다섯 성품으로 나누어서 성불할 근기와 성불하지 못할 근기로 나누었다.
7) 유마 거사의 묵연 도리 : 유마 거사가 비야리성에서 그를 문병하러 온 문수보살과 법담을 할 때 잠자코 말이 없음으로 불이(不二)의 도리를 드러내 보인 일을 말한다.
8) 진공(眞空) : 색(色)이니 공(空)이니를 초월해서 누리는 경지.

기가 알맞는 것 같아 지혜가 갖추어진 데서 광명을 내어, 채찍 그림자만 보고도 달리는 말과 같은 상근기자(上根機者)들에게 널리 도움이 되고 있다.

후학(後學)들을 인도함에는 현묘한 진리를 드날리고 있고, 다른 이야기를 가져올 때에는 출처를 밝히고 있으며, 다듬어지지 않은 부분도 많으나 훌륭한 부분도 찾아볼 수 있었다. 모든 대사들이 대중에게 도리를 보일 때에 한결같은 소리로 펼쳐 보이고 있으니 영특한 이가 귀를 기울여 듣는다면 무수한 성인들이 증명한다 할 것이다. 개괄해서 들추어도 그것이 바탕이어서 한군데만 취해도 그대로가 옳다.

만일 별달리 더 붓을 댄다면 그 돌아갈 뜻을 잃을 것이다. 중국과 인도에서의 말이 이미 다르지 않은데 자칫하면 구슬에다 무늬를 새기려다 보배에 흠집을 낼 우려가 있기에, 이런 종류는 모두 그대로 두었다. 더욱이 일은 실제로 행한 것만을 취해 기록하여 틀림없이 잘 서술했으나 말이란 오래도록 남아 전해지는 까닭에 전혀 문장을 다듬지 않을 수는 없었다.

어떤 사연을 기록할 때엔 그 자취를 자세히 하였고 말이 복잡해지거나 이야기가 저속한 것이 있으면 모두 삭제하되 문맥이 통하게 하였다.

유교(儒敎)의 대신이나 거사(居士)의 문답에 이르러 벼슬자리와 성씨가 드러난 이는 연대와 역사에 비추어 잘못을 밝히고, 사적(史籍)에 따라 틀린 점을 바로잡아 믿을 만한 전기가 되게 하였다.

만일 바늘을 던져 맞추듯 한 치의 어긋남 없이 도리를 밝히는 일이 아니거나, 번갯불이 치듯 빠른 기틀을 내보이는 일이 아니거나, 묘하게 밝은 참 마음을 보이는 일이 아니거나, 고(苦)와 공(空)의 깊은 이치를 조사(祖師)의 뜻 그대로 기술(記述)하는 일이 아니라면, 어떻게 등불을 전한다는 전등(傳燈)이라는 비유에 계합(契合)하는 그 극진한 공덕을 베풀 수 있었겠는가?

만일 감응(感應)한 징조만을 서술하거나 참문하고 행각한 자취만을 기록한다 할 것 같으면 이는 이미 승사(僧史)에 밝혀져 있는 것이니, 어째서 선가(禪家)의 말씀을 굳이 취하겠는가? 세대와 계보의 명칭을 남긴 것만이 아니라 스승과 제자가 이어지는 근거를 널리 기록하였다.

그러나 옛날 책에 실린 것을 보면 잘 다듬어지지 않은 내용을 수록하고 잘 다듬어진 것은 버린 일이 있는데, 다른 기록에 남아 있으면 해당하는 문장을 찾아 보완하고, 더욱 널리 찾아서 덧붙이기도 하였다. 또한 서문과 논설에 이르러 혹 옛 조사(祖師)의 문장이 아닌 것이 사이사이 섞이어 공연히 군소리가 되었으면 모두 간추려서 다 깎아버렸으니, 이같이 하여 1년 만에 일이 끝났다.

저희 신(臣)들은 성품과 식견이 우둔하고, 학문이 넓지 못하고, 기틀이 본래 얕고, 문장력은 부족하여 묘한 도리가 사람에게 달렸다고는 하나 마음에서 떠난 지 오래되고 깊은 진리를 나타내는 말이 세속에서 단절되어, 담벽을 마주한 듯 갑갑하게 지낸 적이 많았다. 과분하게도 추천해 주시는 은혜를 받았으나 아무 힘도 발휘하지 못했다. 편찬하는 일이 이미 끝났으므로 이를 임금님께 바친다. 그러나 임금님의 뜻에 맞지 않아, 임금님께서 거룩히 살펴보시는 데에 공연히 누만 끼치는 것이 아닌가 한다. 삼가 바친다.

한림학사조산대부행좌사간지제고동
수국사관사관사주국남양군개국후식읍
1천백호사자금어대신 양억 지음

景德傳燈錄序 昔釋迦文。以受然燈之夙記當賢劫之次補。降神演化四十九年。開權實頓
漸之門。垂半滿偏圓之教。隨機悟理。爰有三乘之差。接物利生。乃度無邊之眾。其悲濟
廣大矣。其軌式備具矣。而雙林入滅。獨顧於飲光。屈眴相傳。首從於達磨。不立文字直
指心源。不踐楷梯徑登佛地。逮五葉而始盛。分千燈而益繁。達寶所者蓋多。轉法輪者非
一。蓋大雄付囑之旨。正眼流通之道。教外別行不可思議者也。
聖宋啟運人靈幽贊。太祖以神武戡亂。而崇淨刹。闢度門。太宗以欽明禦辯。而述祕
詮。暢真諦。皇上睿文繼志而序聖教繹宗風。煥雲章於義天。振金聲於覺苑。蓮藏之言
密契。竺乾之緒克昌。殖眾善者滋多。傳了義者間出。圓頓之化流於區域。有東吳僧道原
者。冥心禪悅。索隱空宗。披弈世之祖圖。采諸方之語錄。次序其源派。錯綜其辭句。由
七佛以至大法眼之嗣。凡五十二世。一千七百一人。成三十卷。目之曰景德傳燈錄。詣闕
奉進冀於流布。
皇上為佛法之外護。嘉釋子之勤業。載懷重慎。思致悠久。乃詔翰林學士左司諫知制誥
臣楊億。兵部員外郎知制誥臣李維。太常丞臣王曙等。同加刊削。俾之裁定。臣等昧三學
之旨迷五性之方。乏臨川翻譯之能。懵毘邪語默之要。恭承嚴命。不敢牢讓。竊用探索匪
遑寧居。考其論譔之意。蓋以真空為本。將以述曩聖入道之因。標昔人契理之說。機緣交
激。若拄於箭鋒。智藏發光。旁資於鞭影。
誘道後學。敷暢玄猷。而掃摭之來。徵引所出。糟粕多在。油素可尋。其有大士。示
徒。以一音而開演。含靈皆聽。乃千聖之證明。屬概舉之是資。取少分而斯可。若乃別加
潤色失其指歸。既非華竺之殊言。頗近錯雕之傷寶。如此之類悉仍其舊。況又事資紀實。
必由於善敘。言以行遠。非可以無文。其有標錄事緣。縷詳軌跡。或辭條之紛糾。或言筌
之猥俗。並從刊削。俾之綸貫。
至有儒臣居士之問答。爵位姓氏之著明。校歲歷以忿殊。約史籍而差謬。鹹用刪去。以
資傳信。自非啟投針之玄趣。馳激電之迅機。開示妙明之真心。祖述苦空之深理。即何以
契傳燈之喻。施刮膜之功。若乃但述感應之徵符。專敘參遊之轍跡。此已標於僧史。亦奚
取於禪詮。聊存世系之名。庶紀師承之自然而舊錄所載。或掇粗而遺精。別集具存。當尋
文而補闕。率加采擷。爰從附益。逮於序論之作。或非古德之文。問廁編聯徒增楦釀（楦
釀二字出唐張燕公文集。謂冗長也）亦用簡別多所屏去。汔茲周歲方遂終篇。臣等性識媿
於冥煩。學問慚於涉獵。天機素淺。文力無餘。妙道在人。雖刻心而斯久。玄言絕俗。固
牆面以居多。濫膺推擇之私。靡著發揮之效。已克終於紬繹。將仰奉於清覽。莫副宸襟空
塵睿覽。謹上。

翰林學士朝散大夫行左司諫知制誥同
修國史判史館事柱國南陽郡開國侯食邑
一千百戶賜紫金魚袋臣楊億 撰

승려 희위(希渭)의 경덕전등록 재발간사

　호주로(湖州路) 도량산(道場山) 호성만세선사(護聖萬歲禪寺)의 늙은 중 희위(希渭)는 본관이 경원로(慶元路) 창국주(昌國州)이며 성은 동(董)씨다.
　어릴 때부터 고향의 성에 있는 관음선사(觀音禪寺)에 가서 절조(絶照) 화상을 스승으로 삼았고, 법명(法名)을 받게 되어 자계현(慈溪懸) 개수(開壽)의 보광선사(普光禪寺)에 가서 용원(龍源) 화상에 의해 머리를 깎고 중이 되었다.
　그대로 오대율사(五臺律寺)로 가서 설애(雪涯) 화상에게 구족계를 받은 뒤에 짐을 꾸려 서쪽으로 향해 행각을 떠나 수행을 하다가 나중에 다시 은사이신 용원 화상을 만나 이 산으로 옮겨 왔다.
　스승을 따라 배움에 참여하고 이로움을 구한 지 벌써 여러 해가 되었다. 항상 스승의 은혜를 생각하면서도 갚을 기회가 없었다. 그런데 삼가 윗대로부터의 부처와 조사들을 수록한 경덕전등록 30권을 보니 7불로부터 법안(法眼)의 법사(法嗣)에 이르기까지 전부 52세대(世代)인데, 경덕(景德)에서 연우(延祐) 병진년에 이르기까지 317년이나 지나서 옛 판본이 다 썩어버려 남아있지 않기 때문에 후학들이 보고 싶어도 볼 수가 없었다. 이에 발심하여 다시 간행한다.
　홀연히 내 고향에 있는 천성선사(天聖禪寺)의 송려(松廬) 화상이 소장하고 있던, 여산(廬山)의 은암(隱庵)에서 찍은 옛 책이 가장 보존이 잘 된 상태로 입수되었는데, 아주 내 마음에 들었다. 마침내 병진(丙辰)년 정월 10일에 의발 등속을 모두 팔아 1만 2천여 냥을 얻었다. 그날 당장에 공인(工人)에게 간행할 것을 명하여 조사의 도리가 세상에 유포되게 하였다. 이 책은 모두 36만 7천 9백 17자이다. 그해 음력 12월 1일에야 공인의 작업이 끝났다.

당장에 300부를 인쇄하여 전당강(錢塘江) 남북지역과 안중(安衆)지역[9]의 여러 명산(名山)의 방장(方丈)[10]과 몽당(蒙堂)[11]과 여러 요사(寮舍)[12]에 한 부씩을 비치케 하여 온 세상의 도를 분변(分辨)하는 참선납자(參禪衲子)들이 참구하기에 편하도록 하였다. 이를 잘 이용하여 사은(四恩)[13]을 갚고 아울러 삼유(三有)의 중생[14]에게도 도움이 되기 바란다.

대원(大元) 연우(延祐) 3년[15] 음력 12월 1일
늙은 중 희위(希渭)가 삼가 쓰고
젊은 비구 문아(文雅)가 간행을 감독하고
주지 비구 사순(士洵)이 간행하다.

---

9) 두 지역은 희위 스님의 고향인 호주(湖州)와 비교적 인접한 지역들이다.
10) 방장(方丈) : 절의 주지가 거처하는 방. 지금은 견성한 이가 아니더라도 주지를 맡고 있으나 그 당시에는 견성한 도인이라야 그 절의 주지를 맡았다. 따라서 방장에는 대체로 법이 높은 스님이 기거하는 경우가 대부분이었다.
11) 몽당(蒙堂) : 승사(僧寺)의 일에서 물러난 사람이 거처하는 방.
12) 요사(寮舍) : 절에서 대중이 숙식하는 방.
13) 사은(四恩) : 보시(布施), 자애(慈愛), 화도(化導), 공환(共歡)의 네가지 시은(施恩), 또는 부모(父母), 중생(衆生), 국왕(國王), 삼보(三寶)의 네가지 지은(知恩).
14) 삼유(三有)의 중생 : 욕계(慾界), 색계(色界), 무색계(無色界)의 삼계(三界)를 유전하는 미혹한 중생.
15) 서기 1316년.

차 례

서문 35
양억(楊億)의 경덕전등록 서문 37
승려 희위(希渭)의 경덕전등록 재발간사 42
일러두기 50
20권 법계보 51

청원(靑原) 행사(行思) 선사의 6세 법손(法孫) 59

청원산(靑原山) 행사(行思) 선사의 제6세
앞의 홍주(洪州) 운거산(雲居山) 도응(道膺) 선사의 법손 61
　항주(杭州) 불일(佛日) 화상 61
　소주(蘇州) 영광원(永光院) 진(眞) 선사 69
　홍주(洪州) 봉서산(鳳棲山) 동안(同安) 비(丕) 선사 71
　여산(廬山) 귀종사(歸宗寺) 담권(澹權) 선사(제2세) 79

지주(池州) 광제(廣濟) 화상 83
담주(潭州) 수서(水西) 남대(南臺) 화상 86
흡주(歙州) 주계(朱谿) 겸(謙) 선사 88
양주(揚州) 풍화(豊化) 화상 90
운거산(雲居山) 소화(昭和) 도간(道簡) 선사(제2세) 92
여산(廬山) 귀종사(歸宗寺) 회운(懷惲) 선사(제3세) 97
홍주(洪州) 대선(大善) 혜해(慧海) 선사 100
낭주(郎州) 덕산(德山) 화상(제7세) 103
형주(衡州) 남악(南嶽) 남대(南臺) 화상 105
운거산(雲居山) 창(昌) 선사(제3세) 107
지주(池州) 혜산(嵆山) 장(章) 선사 110
진주(晋州) 대범(大梵) 화상 112
신라(新羅) 운주(雲住) 화상 114
운거산(雲居山) 회악(懷岳) 선사(제4세) 116
영각(咏珏) 화상 118

앞의 무주(撫州) 조산(曹山) 본적(本寂) 선사의 법손 120

무주(撫州) 하옥산(荷玉山) 현오(玄悟) 광혜(光慧) 대사 120
균주(筠州) 동산(洞山) 도연(道延) 선사(제4세 주지) 128
형주(衡州) 상녕현(常寧縣) 육왕산(育王山) 홍통(弘通) 선사 130
무주(撫州) 금봉(金峯) 종지(從志) 대사 134
양주(襄州) 녹문산(鹿門山) 화엄원(華嚴院) 처진(處眞) 선사 137
무주(撫州) 조산(曹山) 혜하(慧霞) 요오(了悟) 대사(제2세 주지) 142
형주(衡州) 화광(華光) 범(範) 선사 145

처주(處州) 광리(廣利) 용(容) 선사 148
   천주(泉州) 여산(廬山) 소계원(小谿院) 행전(行傳) 선사 153
   서천(西川) 포수(布水) 암(嚴) 화상 155
   촉천(蜀川) 서선(西禪) 화상 157
   화주(華州) 초암(草庵) 법의(法義) 선사 159
   소주(韶州) 화엄(華嚴) 화상 161

앞의 담주(潭州) 용아산(龍牙山) 거둔(居遁) 선사의 법손 163
   담주(潭州) 보자(報慈) 장서(藏嶼) 광화(匡化) 대사 163
   양주(襄州) 함주산(含珠山) 심철(審哲) 선사 170

앞의 경조(京兆) 화엄사(華嚴寺) 휴정(休靜) 선사의 법손 174
   봉상부(鳳翔府) 자릉(紫陵) 광일(匡一) 정각(定覺) 대사 174

앞의 균주(筠州) 구봉(九峯) 보만(普滿) 대사의 법손 177
   홍주(洪州) 봉서산(鳳棲山) 동안원(同安院) 위(威) 선사 177

앞의 청림(靑林) 사건(師虔) 선사의 법손 181
   소주(韶州) 용광(龍光) 화상 181
   양주(襄州) 봉황산(鳳凰山) 석문사(石門寺) 헌(獻) 선사 185
   양주(襄州) 만동산(萬銅山) 광덕(廣德) 화상(제1세) 192
   영주(郢州) 파초(芭蕉) 화상 195
   정주(定州) 석장(石藏) 혜거(慧炬) 화상 197

앞의 낙경(洛京) 백마(白馬) 둔유(遁儒) 선사의 법손 199
　흥화부(興化府) 청좌산(青剉山) 화상　199

앞의 익주(益州) 북원(北院) 통(通) 선사의 법손 201
　경조(京兆) 향성(香城) 화상　201

앞의 고안(高安) 백수(白水) 본인(本仁) 선사의 법손 206
　경조(京兆) 중운(重雲) 지휘(智暉) 선사　206
　항주(杭州) 서룡원(瑞龍院) 유장(幼璋) 선사　215

앞의 무주(撫州) 소산(疎山) 광인(匡仁) 선사의 법손 222
　소산(疎山) 증(證) 선사(제2세 주지)　222
　홍주(洪州) 백장(百丈) 안(安) 화상(제10세)　226
　균주(筠州) 황벽산(黃檗山) 혜(慧) 선사　230
　수주(隨州) 수성산(隨城山) 호국원(護國院) 수징(守澄) 정과(淨果) 대사　235
　낙경(洛京) 장수(長水) 영천(靈泉) 귀인(歸仁) 선사　238
　연주(延州) 복룡산(伏龍山) 연경원(延慶院) 봉린(奉璘) 선사　240
　안주(安州) 대안산(大安山) 성(省) 선사(제3세)　243
　홍주(洪州) 대웅산(大雄山) 백장(百丈) 초(超) 선사　247
　홍주(洪州) 천왕원(天王院) 화상　249
　상주(常州) 정근원(正勤院) 온(蘊) 선사(제1세)　251
　양주(襄州) 후동산(後洞山) 화상　256
　경조(京兆) 삼상(三相) 화상　258

앞의 낙보(樂普) 원안(元安) 선사의 법손 260
　　경조(京兆) 영안원(永安院) 선정(善靜) 선사 260
　　기주(蘄州) 오아산(烏牙山) 언빈(彦賓) 선사 268
　　봉상부(鳳翔府) 청봉산(靑峯山) 전초(傳楚) 선사 271
　　등주(鄧州) 중도(中度) 화상 275
　　가주(嘉州) 동계(洞谿) 화상 278
　　경조(京兆) 와룡(臥龍) 화상 280

앞의 강서(江西) 소요산(逍遙山) 회충(懷忠) 선사의 법손 282
　　천주(泉州) 복청원(福淸院) 사외(師巍) 화상 282
　　경조(京兆) 백운(白雲) 무휴(無休) 선사 285

앞의 원주(袁州) 반룡산(盤龍山) 가문(可文) 선사의 법손 287
　　강주(江州) 여산(廬山) 영안(永安) 정오(淨悟) 선사 287
　　원주(袁州) 목평산(木平山) 선도(善道) 선사 291
　　협부(陝府) 용계(龍谿) 화상 297

앞의 무주(撫州) 황산(黃山) 월륜(月輪) 선사의 법손 299
　　영주(郢州) 동천산(桐泉山) 화상 299

앞의 낙경(洛京) 소산(韶山) 환보(寰普) 선사의 법손 303
　　담주(潭州) 문수(文殊) 화상 303

색인표　307

부록1　농선 대원 선사님 인가 내력　317
부록2　농선 대원 선사님 법어　325
부록3　21세기에 인류가 해야 할 일　339
부록4　가슴으로 부르는 불심의 노래　343

일러두기

1. 대만에서 펴낸 『경덕전등록(景德傳燈錄)』(宋釋道原 編, 新文豐出版公司, 民國 75년, 1986년)에 의거해서 번역했으며 누락된 부분 없이 완역하였다.
2. 농선 대원 선사가 각 선사장마다 선리의 토끼뿔을 더하여 닦아 증득하는 데 도움이 되도록 하였다.
3. 뜻이 통하지 않는데도 오자가 아닐 때는 옛 한문 사전에서 그 조사 당시에 그 글자가 어떻게 쓰였는가를 찾아 번역하였다. 예를 들어 '還'자가 돌아올 '환'으로가 아니라 영위할 '영'으로 쓰여 뜻이 통한 경우에는 '영위하다' '누리다'로 의역하였다.
4. 선사들의 생몰연대는 여러 기록된 내용이 일치하지 않거나 미상으로 되어 있는 바가 많아, 각 선사 당시의 나라와 왕의 연대, 불교의 상황 등을 역사학자들이 전문적으로 연구하여 밝혀야 할 부분이 있기에, 이 책에서는 여러 자료와 연구 결과가 일치된 내용만을 주에서 표기하였다.
5. 첨가한 주의 내용은 불교에 대한 지식이 없는 이들도 선문답을 참구해 가는데 도움이 되도록 간략하게 달았으며, 주의 내용에 따라서는 사전적인 뜻보다는 선리(禪理)로서 그 뜻을 밝혀 마음에 비추어 참구할 수 있도록 하였다.

20권 법계보

길주(吉州) 청원산(靑原山) 행사(行思) 선사의 제6세 205인 중 106인

홍주(洪州) 운거산(雲居山) 도응(道膺) 선사의 법손 28인
- 항주(杭州) 불일(佛日) 화상
- 소주(蘇州) 영광원(永光院) 진(眞) 선사
- 홍주(洪州) 봉서산(鳳棲山) 동안(同安) 비(丕) 선사
- 여산(廬山) 귀종사(歸宗寺) 담권(澹權) 선사(제2세 주지)
- 지주(池州) 광제(廣濟) 화상
- 담주(潭州) 수서(水西) 남대(南臺) 화상
- 흡주(歙州) 주계(朱谿) 겸(謙) 선사
- 양주(揚州) 풍화(豊化) 화상
- 운거산(雲居山) 소화(昭和) 도간(道簡) 선사(제2세 주지)
- 여산(廬山) 귀종사(歸宗寺) 회운(懷惲) 선사
- 홍주(洪州) 대선(大善) 혜해(慧海) 선사
- 낭주(郞州) 덕산(德山) 화상(제7세 주지)
- 형주(衡州) 남악(南嶽) 남대(南臺) 화상
- 운거산(雲居山) 창(昌) 선사(제3세 주지)
- 지주(池州) 혜산(嵇山) 장(章) 선사
- 진주(晋州) 대범(大梵) 화상
- 신라(新羅) 운주(雲住) 화상
- 운거산(雲居山) 회악(懷岳) 선사(제4세 주지)

20권 법계보

- 영각(㣈珏) 화상

  (이상 19인은 본문에 기록되어 있다. 원주)

- 담주(潭州) 용흥사(龍興寺) 오공(悟空) 대사
- 건주(建州) 백운감(白雲減) 선사
- 담주(潭州) 막보산(幕輔山) 화상
- 서주(舒州) 백수산(白水山) 위(瑋) 선사
- 여산(廬山) 야부산(治父山) 화상
- 남악(南嶽) 법지(法志) 선사
- 신라(新羅) 경유(慶猷) 선사
- 신라(新羅) 혜(慧) 선사
- 홍주(洪州) 봉서산(鳳棲山) 혜지(慧志) 선사

  (이상 9인은 본문에 기록되어 있지 않다. 원주)

무주(撫州) 조산(曹山) 본적(本寂) 선사의 법손 14인

- 무주(撫州) 하옥산(荷玉山) 광혜(光慧) 현오(玄悟) 선사
- 균주(筠州) 동산(洞山) 도연(道延) 선사
- 형주(衡州) 상녕현(常寧縣) 육왕산(育王山) 홍통(弘通) 선사
- 무주(撫州) 금봉(金峯) 종지(從志) 선사
- 양주(襄州) 녹문산(鹿門山) 화엄원(華嚴院) 처진(處眞) 선사
- 무주(撫州) 조산(曹山) 혜하(慧霞) 대사
- 형주(衡州) 화광(華光) 범(範) 선사

20권 법계보

- 처주(處州) 광리(廣利) 용(容) 선사
- 천주(泉州) 여산(廬山) 소계원(小谿院) 행전(行傳) 선사
- 서천(西川) 포수(布水) 암(巖) 화상
- 촉천(蜀川) 서선(西禪) 화상
- 화주(華州) 초암(草庵) 법의(法義) 선사
- 소주(韶州) 화엄(華嚴) 화상
  (이상 13인은 본문에 기록되어 있다. 원주)
- 여산(廬山) 나한(羅漢) 지륭산(池隆山) 주(主) 화상
  (이상 1인은 본문에 기록되어 있지 않다. 원주)

담주(潭州) 용아산(龍牙山) 거둔(居遁) 선사의 법손 5인

- 담주(潭州) 보자(報慈) 장서(藏嶼) 광화(匡化) 선사
- 양주(襄州) 함주산(含珠山) 심철(審哲) 선사
  (이상 2인은 본문에 기록되어 있다. 원주)
- 봉상(鳳翔) 백마(白馬) 홍적(弘寂) 선사
- 무주(撫州) 숭수원(崇壽院) 도흠(道欽) 선사
- 초주(楚州) 관음원(觀音院) 빈(斌) 선사
  (이상 3인은 본문에 기록되어 있지 않다. 원주)

경조(京兆) 화엄사(華嚴寺) 휴정(休靜) 선사의 법손 3인

- 봉상부(鳳翔府) 자릉(紫陵) 광일(匡一) 선사

20권 법계보

(이상 1인은 본문에 기록되어 있다. 원주)
- 요주(饒州) 북선원(北禪院) 유직(惟直) 선사
- 유주(濰州) 화성(化城) 화상

(이상 2인은 본문에 기록되어 있지 않다. 원주)

균주(筠州) 구봉(九峯) 보만(普滿) 대사의 법손 1인
- 홍주(洪州) 봉서산(鳳棲山) 동안원(同安院) 위(威) 선사

(이상 1인은 본문에 기록되어 있다. 원주)

청림(靑林) 사건(師虔) 선사의 법손 6인
- 소주(韶州) 용광(龍光) 화상
- 양주(襄州) 봉황산(鳳凰山) 석문사(石門寺) 헌(獻) 선사
- 양주(襄州) 만동산(萬銅山) 광덕(廣德) 화상 (제1세 주지)
- 영주(郢州) 파초(芭蕉) 화상
- 정주(定州) 석장(石藏) 혜거(慧炬) 선사

(이상 5인은 본문에 기록되어 있다. 원주)

- 양주(襄州) 연경(延慶) 통성(通性) 선사

(이상 1인은 본문에 기록되어 있지 않다. 원주)

낙경(洛京) 백마(白馬) 둔유(遁儒) 선사의 법손 2인
- 홍원부(興元府) 청좌산(靑剉山) 화상

20권 법계보

(이상 1인은 본문에 기록되어 있다. 원주)
- 경조(京兆) 보복(保福) 화상

(이상 1인은 본문에 기록되어 있지 않다. 원주)

익주(益州) 북원(北院) 통(通) 선사의 법손 1인
- 경조(京兆) 향성(香城) 화상

(이상 1인은 본문에 기록되어 있다. 원주)

고안(高安) 백수(白水) 본인(本仁) 선사의 법손 2인
- 경조(京兆) 중운(重雲) 지휘(智暉) 선사
- 항주(杭州) 서룡원(瑞龍院) 유장(幼璋) 선사

(이상 2인은 본문에 기록되어 있다. 원주)

무주(撫州) 소산(疎山) 광인(匡仁) 선사의 법손 20인
- 소산(疎山) 증(證) 선사(제2세 주지)
- 홍주(洪州) 백장(百丈) 안(安) 선사(제1세 주지)
- 균주(筠州) 황벽산(黃檗山) 혜(慧) 선사
- 수주(隨州) 수성산(隨城山) 호국원(護國院) 수징(守澄) 정과(淨果) 선사
- 낙경(洛京) 장수(長水) 영천(靈泉) 귀인(歸仁) 선사
- 연주(延州) 복룡산(伏龍山) 연경원(延慶院) 봉린(奉璘) 선사

20권 법계보

- 안주(安州) 대안산(大安山) 성(省) 선사 (제3세 주지)
- 홍주(洪州) 대웅산(大雄山) 백장(百丈) 초(超) 선사
- 홍주(洪州) 천왕원(天王院) 화상
- 상주(常州) 정근원(正勤院) 온(蘊) 선사 (제1세 주지)
- 양주(襄州) 후동산(後洞山) 화상
- 경조(京兆) 삼상(三相) 화상

    (이상 12인은 본문에 기록되어 있다. 원주)

- 균주(筠州) 오봉산(五峯山) 행계(行繼) 선사
- 상주(商州) 고명(高明) 화상
- 화주(華州) 서계(西谿) 도태(道泰) 화상
- 무주(撫州) 소산(疎山) 화상
- 균주(筠州) 황벽산(黃檗山) 영약(令約) 선사
- 양주(揚州) 상광(祥光) 원(遠) 선사
- 안주(安州) 대안산(大安山) 전성(傳性) 대사
- 균주(筠州) 황벽산(黃檗山) 영(嬴) 선사

    (이상 8인은 본문에 기록되어 있지 않다. 원주)

예주(澧州) 흠산(欽山) 문수(文邃) 선사의 법손 2인

- 홍주(洪州) 상람원(上藍院) 자고(自古) 선사
- 예주(澧州) 태수(太守) 뇌만(雷滿)

    (이상 2인은 본문에 기록되어 있지 않다. 원주)

20권 법계보

낙보산(樂普山) 원안(元安) 선사의 법손 10인
- 경조(京兆) 영안원(永安院) 선정(善靜) 선사
- 기주(蘄州) 오아산(烏牙山) 언빈(彦賓) 선사
- 봉상부(鳳翔府) 청봉산(青峯山) 전초(傳楚) 선사
- 등주(鄧州) 중도(中度) 화상
- 가주(嘉州) 동계(洞谿) 화상
- 경조(京兆) 와룡(臥龍) 화상
  (이상 6인은 본문에 기록되어 있다. 원주)
- 가주(嘉州) 흑수사(黑水寺) 혜통(慧通) 대사
- 경조(京兆) 반룡(盤龍) 화상
- 단주(單州) 동선(東禪) 화상
- 부주(鄜州) 선아(善雅) 화상
  (이상 4인은 본문에 기록되어 있지 않다. 원주)

강서(江西) 소요산(逍遙山) 회충(懷忠) 선사의 법손 2인
- 천주(泉州) 복청원(福淸院) 사위(師巍) 선사
- 경조(京兆) 백운(白雲) 무휴(無休) 선사
  (이상 2인은 본문에 기록되어 있다. 원주)

원주(袁州) 반룡산(盤龍山) 가문(可文) 선사의 법손 5인
- 강주(江州) 여산(廬山) 영안(永安) 정오(淨悟) 선사

20권 법계보

- 원주(袁州) 목평산(木平山) 선도(善道) 선사
- 협주(陝州) 용계(龍谿) 화상
  (이상 3인은 본문에 기록되어 있다. 원주)
- 계양(桂陽) 지통(志通) 선사
- 여산(廬山) 수창원(壽昌院) 정적(淨寂) 선사
  (이상 2인은 본문에 기록되어 있지 않다. 원주)

무주(撫州) 황산(黃山) 월륜(月輪) 선사의 법손 1인
- 영주(郢州) 동천산(桐泉山) 화상
  (이상 1인은 본문에 기록되어 있다. 원주)

낙경(洛京) 소산(韶山) 환보(寰普) 선사의 법손 2인
- 담주(潭州) 문수(文殊) 화상
  (이상 1인은 본문에 기록되어 있다. 원주)
- 상주(洋州) 대암(大巖) 백(白) 화상
  (이상 1인은 본문에 기록되어 있지 않다. 원주)

홍주(洪州) 상람원(上藍院) 영초(令超) 선사의 법손 2인
- 하동(河東) 북원(北院) 간(簡) 선사
- 홍주(洪州) 남평왕(南平王) 종전(鍾傳)
  (이상 2인은 본문에 기록되어 있지 않다. 원주)

청원(靑原) 행사(行思) 선사의
6세 법손(法孫)

청원산(靑原山) 행사(行思) 선사의 제6세
앞의 홍주(洪州) 운거산(雲居山) 도응(道膺) 선사의 법손

항주(杭州) 불일(佛日) 화상

불일 화상은 처음에 천태산(天台山)으로 유행하면서 말하기를 '누구든 나의 기틀을 빼앗아 얻을 수 있는 이는 나의 스승이다.'라고 하였다. 이어 강서(江西)로 가서 운거(雲居) 도응(道膺) 화상을 뵙고 절을 하고 물었다.
"두 용이 여의주를 다투면 어느 쪽이 얻습니까?"

青原山行思禪師第六世。前洪州雲居山道膺禪師法嗣。杭州佛日和尚。初遊天台山。嘗曰。如有人奪得我機者即我師矣。尋抵於江西謁雲居膺和尚。作禮而問曰。二龍爭珠誰是得者。

운거가 말하였다.

"업의 몸을 벗고 와서 만나라."

"업의 몸을 이미 벗었습니다."

"여의주가 어디에 있는가?"

대사가 대답하지 못하였다.[1]

이에 대사가 정성을 다해 입실하여 운거에게 절하고 스승으로 삼았다.

나중에 협산(夾山)을 뵈러 가서 문에 들어서자마자 유나를 보니, 유나가 말하였다.

"여기는 후생(後生)을 받지 않습니다."

대사가 말하였다.

"나는 잠깐 화상을 뵙기만 할 뿐이요, 묵지는 않겠소."

유나가 협산에게 말하니 협산이 만나보기를 허락하였는데, 섬돌에 오르기도 전에 협산이 물었다.

雲居曰。卸却業身來相見。對曰。業身已卸。曰珠在什麼處。師無對(同安代云。廻頭即沒交涉)。師乃投誠入室。便禮雲居爲師。後參夾山。纔入門見維那。維那曰。此間不著後生。師曰。某甲暫來禮謁和尚不宿。維那白夾山。夾山許相見。未陞階便問。

---

[1] 동안(同安)이 대신 말하기를 "고개를 돌렸다고 해도 교섭이 없다." 하였다. (원주)

"어디서 왔는가?"

대사가 말하였다.

"운거에서 왔습니다."

"지금은 어디에 있는가?"

"협산의 정수리에 있습니다."

"노승의 연운(年運)이 감괘(坎卦)에 있어 오귀(五鬼)가 몸에 임했다."

이에 대사가 섬돌을 올라가서 절을 하니, 협산이 또 물었다.

"그대는 누구와 함께 왔는가?"

"목 상좌(木上座)²⁾와 같이 왔습니다."

"그것은 왜 나를 만나러 오지 않는가?"

"화상도 그것이 있으니 보십시오."

"어디에 있는가?"

"큰방에 있습니다."

협산이 대사와 함께 내려가서 큰방 앞에 이르렀을 때, 대사가 얼른 가서 주장자를 가져다가 협산 앞에다 던지니, 협산이 말하였다.

什麼處來。師曰。雲居來。曰卽今在什麼處。師曰。在夾山頂上。曰老僧行年在坎五鬼臨身。師乃上階禮拜。夾山又問。闍梨與什麼人爲同行。師曰。木上座。曰他何不來相看。師曰。和尙看他有分。曰在什麼處。師曰。在堂中。夾山便共師下到堂中。師遂去取得拄杖擲於夾山面前。夾山曰。

---

2) 목 상좌(木上座) : 주장자를 비유한 말.

"천태(天台)에서 얻어온 것이 아닌가?"

대사가 말하였다.

"오악(五嶽)[3]에서도 나는 것이 아닙니다."

"그럼 수미산(須彌山)에서 얻은 것이 아닌가?"

"월궁(月宮)에서도 만난 것이 아닙니다."

"그러면 남에게서 얻은 것이구나."

"자기라 해도 오히려 원수의 집일 것인데, 남에게 얻은 것을 무엇 하겠습니까?"

"찬 잿더미 속에서 콩 한 알이 튀는구나."

그리고는 유나를 오라고 불러다가 명창(明窓) 밑에 있게 하였다. 이에 대사가 다시 물었다.

"등롱(燈籠)[4]도 말을 알아듣습니까?"

협산이 말하였다.

"등롱이 말을 알아듣거든 그대에게 대답하리라."

莫從天台得來否。師曰。非五嶽之所生。曰莫從須彌山得來否。師曰。月宮亦不逢。曰恁麼即從他人得也。師曰。自己尚是寃家。從人得堪作什麼。曰冷灰裏有一粒豆子爆。喚維那來令安排向明窓下著。師却問。燈籠還解語也無。夾山曰。待燈籠解語即向汝道。

---

3) 오악(五嶽) : 중국의 다섯 개의 큰 산.
4) 등롱(燈籠) : 등불을 켜는 데 쓰는 기구.

이튿날 협산이 큰방에 들어와서 물었다.

"어제 새로 온 상좌는 어디에 있는가?"

대사가 대답을 하면서 나서니, 협산이 말하였다.

"그대가 운거에 가기 전에는 어디에 있었는가?"

"천태산 국청사(國淸寺)에 있었습니다."

협산이 말하였다.

"천태산에는 철철 흐르는 폭포와 출렁이는 파도가 있다는데, 그대가 멀리서 온 것이 고맙다. 그대의 뜻은 어떠한가?"

"오랫동안 바위 틈에 살아 솔과 다래 덩굴에 개의치 않습니다."

"그것은 봄의 뜻이요, 어떤 것이 가을의 뜻인가?"

대사가 말없이 보이니, 협산이 말하였다.

"그대를 보니 그저 배를 젓는 사람일 뿐, 끝내 조수를 농하는 사람은 되지 못하겠다."

至明日夾山入堂問。昨日新到上座在麼。師出應諾。夾山曰。子未到雲居前在什麼處。對曰。天台國淸。夾山曰。天台有潺潺之瀑。淥淥之波。謝子遠來。子意如何。師曰。久居巖谷。不掛松蘿。夾山曰。此猶是春意。秋意如何。師良久。夾山曰。看君只是撑船漢。終歸不是弄潮人。

어느 날 큰 울력을 하는데, 유나가 대사에게 차(茶)를 나르라고 하였다. 이에 대사가 말하였다.
"나는 불법을 위해서 왔지 차나 나르기 위해서 온 것이 아니오."
유나가 다시 말하였다.
"화상께서 특별히 스님에게 차를 나르게 하라고 하셨소."
"화상의 존엄하신 명령이라면 좋소."
그리고 차를 가지고 일터로 가서 찻잔을 흔들어 소리를 내니, 협산이 고개를 돌렸다. 이에 대사가 말하였다.
"진한 차 셋이나 다섯 잔의 뜻은 삽 끝에 있습니다."
협산이 말하였다.
"병을 기울이는 것은 차에 뜻이 있는데, 바구니에는 몇 개의 사발이 있는가?"
"병을 기울이는 것은 차에 뜻이 있으나, 바구니 가운데 하나의 사발도 없습니다."

一日大普請。維那請師送茶。師曰。某甲為佛法來不為送茶來。維那曰。和尚教上座送茶。曰和尚尊命即得。乃將茶去作務處。搖茶椀作聲。夾山迴顧。師曰。釅茶三五椀。意在钁頭邊。夾山曰。瓶有傾茶意。籃中幾箇甌。師曰。瓶有傾茶意。籃中無一甌。

그리고는 차를 따라 돌렸다. 이때에 대중이 모두가 눈길을 드니 대사가 다시 물었다.

"대중이 학처럼 목을 길게 빼고 기다리고 있으니, 스님께서 한 말씀해 주십시오."

협산이 말하였다.

"길에서 죽은 뱀을 만나면 때려 죽일 것 없이 밑 없는 광주리에 담아 가지고 간다."

대사가 말하였다.

"손에 야명부(夜明符)를 들었건만 몇 사람이 날 밝은 줄을 알았을고."

협산이 말하였다.

"대중아, 어떤 사람이 돌아갔구나. 돌아갔어."

이로부터 보청귀원(普請歸院)에 사니 대중이 모두가 우러러 찬탄하였다. 대사는 나중에 절강성 서쪽으로 돌아가서 불일사(佛日寺)에서 살다가 일생을 마쳤다.

便傾茶行之。時大眾皆舉目。師又問曰。大眾鶴望乞師一言。夾山曰。路逢死蛇莫打殺。無底籃子盛將歸。師曰。手執夜明符。幾箇知天曉。夾山曰。大眾有人歸去歸去。從此住普請歸院。眾皆仰歎。師後迴浙西住佛日而終。

 토끼뿔

"여의주가 어디에 있는가?" 했을 때

대원은 "봄꽃에도 있고, 폭포소리에도 있고, 고기 굽는 데에도 있고, 마시는 물에도 있고, 시장터에서 이 사람 저 사람 부딪치는 데에도 있고, 하루 일을 생각하는 데에도 있습니다." 하고

따로 특별히 이르기를 "십삼일 해질 무렵에는 달과 해가 같이 있다." 하리라.

소주(蘇州) 영광원(永光院) 진(眞) 선사

진(眞) 선사가 법상에 올라 대중에게 말하였다.

"말끝에 조금만 어긋나도 고향과는 만리나 어긋나리니, 모름지기 절벽에 매달린 손마저 놓아 버려야 깨달음을 스스로 긍정하리라. 죽었다가 다시 소생하면 그대를 속일 수 없으니, 비상한 종지인들 누가 숨기랴."

어떤 이가 물었다.

"도는 곁가닥이니 지름길이니가 없어서 정하면 이는 모두가 위태하다 하니, 어찌하여야 곁가닥이니 지름길이니의 침해를 받지 않겠습니까?"

대사가 주장자로 그의 입을 쥐어박자, 그가 말하였다.

"이것도 곁가닥입니다."

대사가 말하였다.

"입을 다물어라."

蘇州永光院眞禪師。上堂謂眾曰。言鋒若差鄉關萬里。直須懸崖撒手自肯承當。絕後再蘇欺君不得。非常之旨人焉廋哉。問道無橫徑立者皆危。如何得不被橫徑取侵去。師以拄杖驀口拄。曰此猶是橫徑。師曰。合取。

 토끼뿔

"도는 곁가닥이니 지름길이니가 없어서 정하면 이는 모두가 위태하다 하니, 어찌하여야 곁가닥이니 지름길이니의 침해를 받지 않겠습니까?" 했을 때

대원은 "차나 들라." 하리라.

홍주(洪州) 봉서산(鳳棲山) 동안(同安) 비(丕) 선사

비(丕) 선사에게 어떤 이가 물었다.
"어떤 것이 무봉탑(無縫塔)입니까?"
대사가 말하였다.
"흠흠(吽吽)."
"어떤 것이 탑 안의 사람입니까?"
"오늘 여러 사람이 건창(建昌)에서 온다."

"한번 보아 곧 쉴 때는 어떠합니까?"
"이것이다. 여기에 다시 와서 무엇 하랴."

"어떤 것이 이마에 점 찍힌 고기[5]입니까?"

洪州鳳棲山同安丕禪師。問如何是無縫塔。師曰。吽吽。僧曰如何是塔中人。師曰。今日大有人從建昌來。問一見便休去時如何。師曰。是也更來者裏作麼。問如何是點額魚。

---

[5] 용문(龍門)을 오른 물고기는 용이 되지만, 오르지 못한 물고기는 이마에 점만 찍혀서 돌아간다는 고사.

"파란(波瀾)⁶⁾을 뚫지 못한 것이다."
"부끄러울 때에는 어떠합니까?"
"끝내 고개를 들지 못한다."
"그러면 그 몸이 변하지 않겠습니다."
"그렇다. 청운(靑雲)의 일인들 무엇 하랴."

"어떤 것이 화상의 가풍입니까?"
"금계(金鷄)⁷⁾가 알을 품고 은하수로 돌아가니, 옥토끼⁸⁾는 아기를 배고 자미(紫微)⁹⁾로 향한다."
"홀연히 객이 오면 무엇으로 대접합니까?"
"금 과일은 새벽에 원숭이가 따오고, 옥 꽃은 저녁에 봉황이 물어 온다."

師云。不透波瀾。僧曰。慚恥時如何。師曰。終不仰面。僧曰。恁麼即不變其身也。師曰。是也靑雲事作麼生。問如何是和尙家風。師曰。金鷄抱子歸霄漢。玉兔懷胎向紫微。日忽遇客來將何祇待。師曰。金果早朝¹⁰⁾猿摘去。玉花晩後鳳啣歸。

---

6) 파란(波瀾) : 사물의 변화. 세상사의 변천.
7) 금계(金鷄) : 해를 비유.
8) 옥토끼 : 달을 비유.
9) 자미(紫微) : 큰곰자리 부근에 있는 자미원의 별이름. 거기에 천제(天帝)가 있다고 한다.
10) 부조가 송. 원나라본에는 朝來로 되어 있다.

"길에서 도를 통달한 사람을 만나면 말이나 침묵으로 대하지 못한다 하니, 무엇으로 대합니까?"
"발길질도 필요하고 주먹도 필요하다."

"왕도(王道)를 손상하지 않으려면 어찌합니까?"
"죽과 밥을 먹는다."
"그것이 왕도를 상하지 않게 하는 것은 못 되지 않겠습니까?"
"귀양을 가거나 좌천을 당하겠구나."

"옥 도장을 사용할 때 누가 믿어 받겠습니까?"
"그런 사람이 아니다."
"친궁(親宮)의 일은 어떤 것입니까?"
"무엇이라 하는가?"

"어떤 것이 비로자나의 스승입니까?"
"그대는 어디서 출가했는가?"

問路逢達道人不將語默對。未審將什麼對。師曰。要踢要拳。問不傷王道如何。師曰。喫粥喫飯。曰莫便是不傷王道也無。師曰。遷流左降。問玉印開時何人受信。師曰。不是恁麼人。曰親宮事如何。師曰。道什麼。問如何是毘盧師。師曰。闍梨在什麼處出家。

"어떤 것이 눈에 보이는 대로 보리입니까?"
"낯앞의 불전(佛殿)이니라."

"한 조각 옥에 티가 없으니 스님께서 건드리지 마십시오."
"그대는 뒤에 떨어졌다."

"옥 도장을 사용할 때 누가 믿어 받겠습니까?"
"작은 것이라 할 것도 없다."

"어떤 것이 현묘한 종지입니까?"
"좋다."

"화두에 속아서 그림자를 잘못 아는 것을 어떻게 그칩니까?"
"누구에게 하는 말인가?"

問如何是觸目菩提。師曰。面前佛殿。問片玉無瑕請師不觸。師曰。落汝後。問玉印開時何人受信。師曰。不是小小。問如何是妙旨。師曰。好。問迷頭認影如何止。師曰。告阿誰。

"어떻게 해야 옳겠습니까?"
"남에게서 찾으면 더욱 멀어진다."
"남에게서 찾지 않을 때에는 어떠합니까?"
"화두가 어디 있지?"

"어떤 것이 동안(同安)의 한 개 화살입니까?"
"골[腦] 뒤를 살펴라."
"골 뒤의 일이 어떠합니까?"
"지나갔다."

"죽은 승려의 옷은 여러 승려가 나누어 갖지만 조사의 옷은 누가 가집니까?"
"때렸다."

曰如何即是。師曰。從人覓即轉遠也。曰不從人覓時如何。師曰。頭在什麼處。問如何是同安一隻箭。師曰。腦後看。曰腦後事如何。師曰。過也。問亡僧衣眾人唱。祖師衣什麼人唱。師曰。打。

"가져온다면 서로 같을 수 없겠지만 가져오지 않을 때에는 어떠합니까?"

"어느 곳에 있는가?"

"있는 것도 아닐 때에는 어떻게 행리(行履)[11])해야 합니까?"

"평상시에 어떻게 하였던가?"

"그렇다면 옛 모습을 고칠 것도 없겠습니다."

"무슨 행리인들 짓겠는가?"

問將來不相似。不將來時如何。師曰。什麼處著。問未有者箇時作麼生行履。師曰。尋常又作麼生。曰恁麼即不改舊時人也。師曰。作何行履。

---

11) 행리(行履) : 수행하는 이들의 모든 일상.

 토끼뿔

༄ "홀연히 객이 오면 무엇으로 대접합니까?" 했을 때

대원은 "보는 찰나에 대접해 마친다." 하리라.

༄ "길에서 도를 통달한 사람을 만나면 말이나 침묵으로 대하지 못한다 하니, 무엇으로 대합니까?" 했을 때

대원은 "말과 침묵 모두 통한다." 하리라.

༄ "왕도(王道)를 손상하지 않으려면 어찌합니까?" 했을 때

대원은 "손상되는 것이라면 왕도이겠느냐?" 하리라.

༄ "어떤 것이 눈에 보이는 대로 보리입니까?" 했을 때

대원은 "보리 아닌 것을 대봐라." 하리라.

홍주(洪州) 봉서산(鳳棲山) 동안(同安) 비(丕) 선사

∽ "화두에 속아서 그림자를 잘못 아는 것을 어떻게 그칩니까?"
했을 때

대원은 한 대 때렸을 것이다.
"험."

여산(廬山) 귀종사(歸宗寺) 담권(澹權) 선사(제2세)

담권 선사에게 어떤 이가 물었다.
"금닭이 울기 전에는 어떠합니까?"
대사가 말하였다.
"위음왕(威音王)을 잃었다."
"운 뒤에는 어떠합니까?"
"삼계가 없어졌다."

"몸을 다 바쳐 공양할 때에는 어떠합니까?"
"무엇을 가지고 왔는가?"
"가진 것을 아끼지 않습니다."
"누구에게 공양하려는가?"
 승려가 말이 없었다.

　廬山歸宗寺澹權禪師(第二世)。問金鷄未鳴時如何。師曰。失却威音王。曰鳴後如何。師曰。三界平沈。問盡身供養時如何。師曰。將得什麼來。曰所有不惜。師曰。供養什麼人。僧無語。

"학인이 불법을 배우기 위해 왔습니다. 어떤 것이 불법입니까?"
"정말로 한가로우니라."
"점검하여 주십시오."
"두루하고도 남는다."

"대중이 구름같이 모였으니 무엇을 이야기하리까?"
"삼삼양양(三三兩兩)이로다."

"길에서 통달한 도인을 만나면 말이나 침묵으로는 대하지 못한다 하니, 무엇으로 대하겠습니까?"
"어찌하여야 그가 긍정하겠는가?"
또 말하였다.
"알겠는가?"
"잘 모르겠습니다."
"장안 길가의 똥구덩이니라."

問學人為佛法來。如何是佛法。師曰。正閑空。曰便請商量。師曰。周帀有餘。問大眾雲集合譚何事。師曰。三三兩兩。問路逢達道人不將語默對。未審將什麼對。師曰。爭能肯得人。又曰。會麼。曰不會。師曰。長安路厠坑子。

"학인이 다른 것은 묻지 않겠습니다. 어떤 것이 불법의 대의(大意)입니까?"
"서까래 셋과 몽둥이 다섯이니라."

"통달해 아는 이는 어떻게 말합니까?"
"지금 일은 어떠한가?"
"흐름을 따를 뿐입니다."
"흐름을 따르지 않을 때는 어떻게 쉬는가?"

問學人不問諸餘。如何是佛法大意。師曰。三枷五棒。問通會底人如何道。師曰。卽今事作麼生。曰隨流。師曰。不隨流爭得息。

 토끼뿔

"통달해 아는 이는 어떻게 말합니까?" 했을 때

대원은 "이렇게 한다." 하리라.

지주(池州) 광제(廣濟) 화상

광제 화상에게 어떤 이가 물었다.
"말 한 필, 창 한 자루로 나설 때에는 어떠합니까?"
"머리가 떨어진다."

"어떤 것이 방외(方外)[12]의 이야기입니까?"
"그대는 무엇이라 하는가?"

"어떤 것이 광제(廣濟)의 물입니까?"
"주리고 목마른 이가 없다."
"그러면 학인이 헛탕을 치지 않았겠습니다."
"그대가 남의 조종을 받는 줄은 분명히 알았었다."

池州廣濟和尙。問疋馬單槍時如何。師曰。頭落也。問如何是方外之譚。師曰。汝道什麼。問如何是廣濟水。師曰。無饑渴。曰恁麼即學人不虛設也。師曰。情知你受人安排。

---

12) 방외(方外) : 세상을 초월함.

"멀리서 와서 귀의하였으니 스님께서 가리켜 보여 주십시오."
"입이 있어서 오직 밥 먹을 줄만 안다."

"온백설(溫伯雪)과 공자가 만났을 때에는 어떠합니까?"[13)
"여기에는 그런 사람도 없다."

"알 수 없고 볼 수 없는 도리를 스님께서 말씀해 주십시오."
"매(昧)하지 않는다."
"매(昧)하지 않을 때는 어떠합니까?"
"그대는 무엇이라 부르겠는가?"

問遠遠來投乞師指示。師曰。有口只解喫飯。問溫伯雪與仲尼相見時如何。師曰。此間無恁麽人。問不識不見請師道出。師曰。不昧。曰不昧時作麽生。師曰。汝喚作什麽。

---

13) 『장자(莊子)』 전자방편(田子方篇)에 나와 있는 일화. 공자가 온백설이란 은자를 평소에 흠모했는데, 막상 만나자 한마디 말도 하지 않았다. 제자인 자로가 이상히 여겨 물으니, 도가 있는 이는 서로 보면 그대로 알기에 말이 필요 없다고 하였다.

 토끼뿔

∽ "온백설(溫伯雪)과 공자가 만났을 때에는 어떠합니까?" 했을 때

대원은 "이러-했을 뿐이니라." 하리라.

∽ "알 수 없고 볼 수 없는 도리를 스님께서 말씀해 주십시오." 했을 때

대원은 말없이 허리를 펴 앉아 있다가 "다만 이렇느니라." 하리라.

담주(潭州) 수서(水西) 남대(南臺) 화상

남대 화상에게 어떤 승려가 물었다.
"어떤 것이 이곳의 한 방울 물입니까?"
대사가 말하였다.
"입에 들어가면 끌어낸다."

"어떤 것이 서쪽에서 오신 뜻입니까?"
"신발 끈이 풀어졌다."

"조사와 조사가 서로 전했다 하니, 전한 것이 무엇입니까?"
"그대가 묻지 않았더라면 노승도 모를 뻔하였다."

潭州水西南臺和尚。僧問。如何是此間一滴水。師曰。入口即攫出。問如何是西來意。師曰。靴頭線綻。問祖祖相傳未審傳箇什麽。師曰。不因闍梨問老僧亦不知。

토끼뿔

☞ "어떤 것이 이 곳의 한 방울 물입니까?" 했을 때

대원은 "맛이 어떻더냐?" 하리라.

☞ "조사와 조사가 서로 전했다 하니, 전한 것이 무엇입니까?" 했을 때

대원은 옆구리를 한 대 먹였을 것이다.
"험."

흡주(歙州) 주계(朱谿) 겸(謙) 선사

요주(饒州) 자사(刺史)가 대사를 위해 대장전(大藏殿)을 지었는데 대사가 어떤 승려와 함께 대장전을 돌아보다가 '아무개야!' 하고 승려를 불렀다. 그 승려가 대답하니 대사가 물었다.
"이 법당 안에는 얼마나 되는 부처님이 모셔졌는가?"
그 승려가 대답하였다.
"없지는 않으나 누군가는 긍정하지 않을 것입니다."
"나는 그런 사람에게 묻지 않았다."
"그러시면 저도 대답한 일이 없습니다. 안녕히 계십시오."
대사는 나중에 도솔산(兜率山)에서 살다가 여생을 마쳤다.

歙州朱谿謙禪師。饒州刺史與師造大藏殿。師與一僧同看殿次。師喚某甲。僧應諾。師曰。此殿著得多少佛。曰著即不無有人不肯。師曰。我不問者箇人。曰恁麼即某甲亦未曾祗對。珍重。師後住兜率山而終。

 토끼뿔

"이 법당 안에는 얼마나 되는 부처님이 모셔졌는가?"했을 때

대원은 "어찌 수효로 말할 수 있겠습니까?"하리라.

양주(揚州) 풍화(豊化) 화상

풍화 화상에게 어떤 이가 물었다.
"어떤 것이 적의 나라와 한 판 바둑을 겨루는 것입니까?"
대사가 말하였다.
"내려와라."

"한 방망이로 허공을 쳐서 부술 때에는 어떠합니까?"
"한 조각 가져와 봐라."
"위로는 한 조각의 기와도 없고 아래로는 송곳 세울 자리도 없으니, 학인은 어디에 서야 하겠습니까?"
"나부껴 드러낸다고도 말라."

揚州豐化和尚。問如何是敵國一著碁。師曰。下來。問一棒打破虛空時如何。師曰。把一片來。問上無片瓦下無卓錐。學人向什麽處立。師曰。莫飄露麽。

토끼뿔

"위로는 한 조각의 기와도 없고 아래로는 송곳 세울 자리도 없으니, 학인은 어디에 서야 하겠습니까?" 했을 때

대원은 "어디서 말하는가?" 하리라.

운거산(雲居山) 소화(昭和) 도간(道簡) 선사(제2세)

도간 선사는 범양(范陽) 사람이다. 오랫동안 운거에게 입실해 있으면서 진인(眞印)을 비밀히 받은 뒤에 절 사무를 나누어 맡아서 나무하고 밥 짓는 일을 감독하였는데, 법랍이 많다 하여 제1좌(第一座)로 추대되었다.

때마침 도응 화상이 임종하려 하자, 일 보는 승려가 물었다.

"누가 뒤를 잇겠습니까?"

"큰방의 간 주사(簡主事)[14]이니라."

그 승려가 대답은 들었으나 그 뜻을 분명히 알지 못하고 대중가운데에서 가려 뽑으라는 말로 여겼다.

雲居山昭和禪師道簡(第二世)。范陽人也。久入雲居之室。密受真印。而分掌寺務典司樵爨。以臘高居堂中為第一座。屬膺和尚將臨順寂。主事僧問。誰當繼嗣。曰堂中簡主事。僧雖承言而未曉其旨。謂之揀選。

---

14) 간 주사(簡主事) : 도간 선사를 가리킨다. 주사는 승려의 직책.

그리하여 곧 여러 승려들과 상의하여 제2좌를 뽑아 화주(化主)로 삼기로 하고, 예를 갖추어 먼저 제1좌에게 청하면 반드시 굳이 사양할 것이니, 그때에 제2좌에게 청하기로 하였다.

이때에 대사가 스승의 수기를 비밀히 받았기에 전혀 사양하지 않고 손수 도구를 들고 방장으로 들어가서 대중을 모아놓고 설법을 하였다. 일 보는 주사승(主事僧) 등은 먼저 생각했던 바와 맞지 않으므로 모든 규칙에 순응하지 않았다.

대사가 그 속을 짐작하고 절을 버리고 가만히 산을 내려가니, 그날 밤에 산신(山神)이 통곡을 하였다. 이튿날 아침에 사승(事僧)과 대중이 보리농막으로 달려가서 참회하고 다시 절로 돌아가기를 청하여 돌아오니, 대중의 귀에 산신이 소리를 맞추어 이렇게 외치는 소리가 들렸다.

"화상께서 오셨다."

乃與眾僧僉議擧第二座爲化主。然且備禮先請第一座。必若謙讓即堅請第二座焉。時簡師既密承師記略不辭免。即自持道具入方丈攝眾演法。主事僧等不愜素志。罔循規式。師察其情乃棄院潛下山。其夜山神號泣。詰旦主事大眾奔至麥莊。悔過哀請歸院。眾聞山神連聲唱云。和尚來也。

어떤 승려가 물었다.
"어떤 것이 화상의 가풍입니까?"
대사가 말하였다.
"가는 곳마다 자유롭다."

"유마 거사가 곧 금속여래[15]가 아니십니까?"
"그렇다."
"어째서 석가의 회상에 와서 법문을 들었습니까?"
"그는 나와 남을 따지지 않는다."

"몸을 뉘여서 두루 덮을 때에는 어떠합니까?"
"두루 덮을 수 있겠는가?"

"뱀이 어떻게 뱀잡이를 삼킵니까?"
"그 속에서 상하지 않는다."

僧問。如何是和尚家風。師曰。隨處得自在。問維摩豈不是金粟如來。師曰。是。曰爲什麼却預釋迦會下聽法。師曰。他不爭人我。問橫身蓋覆時如何。師曰。還蓋覆得麼。問蛇子爲什麼吞却蛇師。師曰。在裏不傷。

---

15) 금속여래 : 과거세의 부처님. 유마 거사의 전신.

"여러 성현들께서 말씀하시지 못한 곳을 스님께서 말씀하실 수 있겠습니까?"

"그대는 무엇을 모든 성인들께서 말씀하시지 못했다 여기는가?"

"길에서 사나운 범을 만났을 때에는 어떠합니까?"

"천 사람, 만 사람도 만난 적이 없거늘 그대 한사람만이 문득 만났는가?"

"외로운 봉우리에서 혼자 잘 때에는 어떠합니까?"

"일곱 칸의 승당을 비워 두고, 누가 그대를 외딴 봉우리에서 혼자 자라 하던가?"

대사가 입멸한 뒤에 여주(廬州)의 원수인 장숭(張崇)이 재물을 내어 본산에다 석탑을 세웠는데 아직도 남아 있다.

問諸聖道不得處。和尙還道得麼。師曰。汝道什麼處諸聖道不得。問路逢猛虎時如何。師曰。千人萬人不逢。偏汝便逢。問孤峯獨宿時如何。師曰。閑却七間僧堂不宿。阿誰教汝孤峯獨宿。師示滅後。廬州帥張崇施財建石塔於本山至今存焉。

토끼뿔

"외로운 봉우리에서 혼자 잘 때에는 어떠합니까?" 했을 때

대원은 "혼자 자는 경지를 말해 봐라" 하고 다그쳤을 것이다.
"험."

여산(廬山) 귀종사(歸宗寺) 회운(懷惲) 선사(제3세)

회운 선사에게 어떤 이가 물었다.
"부처도 없고 중생도 없을 때에는 어떠합니까?"
대사가 말하였다.
"어떤 사람이 그러한가?"

"물이 맑아서 고기가 나타날 때에는 어떠합니까?"
"하나 잡아오너라."
승려가 대답이 없었다.[16]

"어떤 것이 오로봉(五老峯)입니까?"
"우뚝 솟은 바탕이다."

廬山歸宗寺懷惲禪師(第三世)。問無佛無眾生時如何。師曰。什麼人如此。問水清魚現時如何。師曰。把一箇來。僧無對(同安代云。動即失)。問如何是五老峯。師曰。突兀地。

---

16) 동안(同安)이 대신 말하기를 "움직이면 놓칩니다." 하였다. (원주)

"물이 끊기어 물방아가 멈출 때에는 어떠합니까?"
"맷돌이 돌지 않는다."
"어째서 맷돌이 돌지 않는다 합니까?"
"물방아가 멈추지 않느니라."

"어떤 것이 티끌 속의 것입니까?"
"머리에 재가 묻고, 얼굴에 흙이 덮였느니라."[17]

"세존께서 말없이 말씀하시고 가섭이 들음 없이 들었다는 일이 어떤 것입니까?"
"정말로 그러한 때에는 어떠하겠는가?"
"말함도 들음도 없다 해도 같지 않습니다."
"어떤 사람이겠는가?"
"학인이 이르지 못한 곳을 스님께서 말씀해 주십시오."
"그대가 어느 곳에 이르지 못했는가?"

問截水停輪時如何。師曰。磨不轉。曰如何是磨不轉。師曰。不停輪。問如何是塵中子。師曰。灰頭土面(同安代云。不拂拭)。問世尊無說說迦葉不聞聞事如何。師曰。正恁麼時作麼生。曰不同無聞說。師曰。是什麼人。問學人不到處請師說。師曰。汝不到什麼處來。

---

17) 동안(同安)이 대신 말하기를 "털거나 닦지 않는 것이다." 하였다. (원주)

토끼뿔

"물이 끓기어 물방아가 멈출 때에는 어떠합니까?" 했을 때

대원은 할을 했을 것이다.

홍주(洪州) 대선(大善) 혜해(慧海) 선사

혜해 선사에게 어떤 이가 물었다.
"청산에 앉지 않을 때에는 어떠합니까?"
대사가 말하였다.
"어떤 사람인가?"

"어떤 것이 손님 노릇을 할 줄 아는 사람입니까?"
"윗자리를 차지하지 않는다."

"영천(靈泉)을 홀연히 만날 때에는 어떠합니까?"
"어디서 왔는가?"

"어떻게 일러야 스님의 뜻을 어기지 않겠습니까?"
"입을 아끼지 말라."

洪州大善慧海禪師。問不坐靑山時如何。師曰。是什麽人。問如何是解作客底人。師曰。不占上。問靈泉忽逢時如何。師曰。從什麽處來。問如何道卽不違於師。師曰。莫惜口。

"이른 뒤에는 어떠합니까?"
"어떻게 일렀는가?"
"어떻게 일러야 서로 친하겠습니까?"
"상쾌하게 일러라."
"그러면 곧 이른 것이 아니겠습니다."
"입이나 써서 무엇 하겠느냐?"

대사가 나중에 백장산에 살다가 여생을 마쳤다.

曰道後如何。師曰。道什麼。問如何道得相親去。師曰。快道。曰恁麼即不道也。師曰。用口作什麼。師後住百丈而終。

🐦 토끼뿔

"어떤 것이 손님 노릇을 할 줄 아는 사람입니까?" 했을 때

대원은 "물이 잘 가르친다." 하리라.

낭주(郎州) 덕산(德山) 화상(제7세)

덕산 화상에게 어떤 이가 물었다.
"길에서 도를 통달한 사람을 만나면 말이나 침묵으로 대하지 말라 하니, 무엇으로 대합니까?"
대사가 말하였다.
"다만 이렇다."
승려가 잠자코 있으니, 대사가 말하였다.
"그대가 다시 물어라."
승려가 다시 물으니, 대사가 할을 해서 내쫓았다.

朗州德山和尚(第七世)。問路逢達道人不將語默對。未審將什麼對。師曰。只恁麼。僧良久。師曰。汝更問。僧再問。師乃喝出。

토끼뿔

"길에서 도를 통달한 사람을 만나면 말이나 침묵으로 대하지 말라 하니, 무엇으로 대합니까?" 했을 때

대원은 "돌, 나무, 꽃, 나비 그 무엇 하나 통하지 않은 것이 없다." 하리라.

형주(衡州) 남악(南嶽) 남대(南臺) 화상

남대 화상에게 어떤 이가 물었다.
"융봉(融峯)으로 곧장 올라갔을 때에는 어떠합니까?"
대사가 말하였다.
"보았는가?"

衡州南嶽南臺和尙。問直上融峯時如何。師云。見麼。

🐦 토끼뿔

"융봉(融峯)으로 곧장 올라갔을 때에는 어떠합니까?" 했을 때

대원은 "올라가 보았거든 그 화락함을 말해 봐라." 하리라.

운거산(雲居山) 창(昌) 선사(제3세)

창(昌) 선사에게 어떤 이가 물었다.
"서로 만나도 서로 알지 못할 때에는 어떠합니까?"
대사가 말하였다.
"이미 서로 만났는데 어째서 서로 알지 못한다 하는가?"

"화로에 불이 이글거릴 때에는 어떠합니까?"
"머릿속의 것은 무엇인가?"

"헤아림을 받지 않을 때에는 어떠합니까?"
"무엇 하러 왔는가?"
"왔지만 헤아리지는 않습니다."
"공연히 와서 무슨 이익이 있으랴."

雲居山昌禪師(第三世)。問相逢不相識時如何。師曰。既相逢為什麼不相識。問紅爐猛燄時如何。師曰。裏頭是什麼。問不受商量時如何。師曰。來作什麼。曰來亦不商量。師曰。空來何益。

"방장 앞에 몸을 둘 때는 어떠합니까?"
"그대의 몸이 얼마나 되는가?"

問方丈前容身時如何。師曰。汝身大小。

토끼뿔

"방장 앞에 몸을 둘 때는 어떠합니까?" 했을 때

대원은 "어디가 뒤인가?" 하리라.

지주(池州) 혜산(嵇山) 장(章) 선사

장(章) 선사는 일찍이 투자(投子) 화상의 회상에 있으면서 시두(柴頭)[18]를 맡았는데, 투자가 차를 먹다가 대사에게 말하였다.
"삼라만상이 온통 찻종지 속에 있다."
대사가 얼른 찻종지를 엎으면서 말하였다.
"삼라만상이 어디에 있습니까?"
투자가 말하였다.
"차 한 잔만 아깝구나."
대사가 나중에 설봉 화상을 뵈니 설봉이 물었다.
"장 시두(章柴頭)가 아닌가?"
대사가 도끼를 휘두르는 시늉을 하니, 설봉이 긍정하였다.

池州嵇山章禪師。曾在投子作柴頭。投子喫茶次謂師曰。森羅萬象總在者一椀茶裏。師便覆却茶云。森羅萬象在什麼處。投子曰。可惜一椀茶。師後謁雪峯和尙。雪峯問。莫是章柴頭麼。師便作輪椎勢。雪峯肯之。

---

18) 시두(柴頭) : 절에서 반두 아래 딸려 땔나무를 맡은 사람.

토끼뿔

"삼라만상이 어디에 있습니까?" 했을 때

대원은 "그렇다. 그런 이름마저 서지 못하는데, 마을 앞길 사람이 오가는구나." 하리라.

진주(晉州) 대범(大梵) 화상

대범 화상에게 어떤 이가 물었다.
"어떤 것이 학인이 돌아보아야 할 곳입니까?"
대사가 말하였다.
"우물 밑에다 높은 누각을 세워라."
"그러하다면 곧 초연(超然)하겠군요."
"왜 손을 놓아 버리지 못하는가?"

晉州大梵和尙。問如何是學人顧望處。師曰。井底豎高樓。曰恁麼即超然也。師曰。何不擺手。

토끼뿔

"그러하다면 곧 초연(超然)하겠군요."했을 때

대원은 "차나 들라."하리라.

신라(新羅) 운주(雲住) 화상

운주 화상에게 어떤 이가 물었다.
"모든 부처님도 이르지 못한 것을 누가 이릅니까?"
대사가 말하였다.
"내가 이를 수 있다."
"모든 부처님이 이르지 못한 것을 화상께서는 어떻게 이르겠습니까?"
"모든 부처님이 나의 제자이다."
"화상께서 말씀해 주십시오."
"군왕을 응대하지 못했으니 바로 20방망이는 때려야 좋겠구나."

新羅雲住和尙。問諸佛道不得什麽人道得。師曰。老僧道得。曰諸佛道不得和尙作麽生道。師曰。諸佛是我弟子。曰請師道。師曰。不對君王好與二十棒。

토끼뿔

"모든 부처님이 나의 제자이다."라고 했는데, 어떤 뜻으로 한 말인가?

대원은 "서울 명동에는 다양한 사람이 오가더니, 포천에는 산들로 가득하더라." 하리라.

운거산(雲居山) 회악(懷岳) 선사(제4세)

회악 선사의 호는 달공(達空)이다.
어떤 이가 물었다.
"어떤 것이 대원경(大圓鏡)[19]입니까?"
대사가 말하였다.
"비추는 거울이 아니다."
"홀연히 사방과 팔면에서 오면 어찌합니까?"
"오랑캐가 오면 오랑캐가 나타난다."
"매우 좋습니다. 비춤이 없는 거울이라니…"
대사가 때렸다.

"어떤 것이 환약 한 알로 만 가지 병을 고치는 것입니까?"
"그대는 어떤 병이 있는가?"

雲居山懷岳號達空禪師(第四世)。問如何是大圓鏡。師曰。不鑑照。曰忽遇四方八面來怎麼生。師曰。胡來胡現。曰大好不鑑照。師便打。問如何是一丸療萬病底藥。師曰。汝患什麼。

---

19) 대원경(大圓鏡) : 부처님의 지혜를 크고 가없는 거울에 비유한 것.

 토끼뿔

"어떤 것이 환약 한 알로 만 가지 병을 고치는 것입니까?" 했을 때

대원은 "무슨 환약 한 알인들 필요하랴." 함과 동시에 할을 했을 것이다.

영각(聆珏) 화상

영각 화상에게 어떤 이가 물었다.
"학인이 스님의 기틀을 저버리지 않으면 털 나고 뿔난 짐승의 몸은 면하겠습니까?"
대사가 말하였다.
"네가 두려워하는 것은 마주 보면서도 모르기 때문이다."
"그렇다면 모든 냇물을 다 삼켰으니 한 점의 마음을 밝혔다 하겠습니다."
"비록 털옷은 벗었다 할지라도 다시 비늘 갑옷을 입었구나."
"반가우신 화상이시여, 큰 자비를 갖추셨습니다."
"힘을 다해 말했지만 바로 잡아 벗어나지를 못했구나."

聆珏和尚。問學人不負師機。還免披毛戴角也無。師曰。闍梨也可畏對面不相識。曰恁麼即呑盡百川水方明一點心。師曰。雖脫毛衣猶披鱗甲。曰好來和尚具大慈悲。師曰。盡力道也出老僧格不得。

 토끼뿔

"학인이 스님의 기틀을 저버리지 않으면 털 나고 뿔난 짐승의 몸은 면하겠습니까?" 했을 때

대원은 서너 대를 때려 내쫓았을 것이다.

앞의 무주(撫州) 조산(曹山) 본적(本寂) 선사의 법손

무주(撫州) 하옥산(荷玉山) 현오(玄悟) 광혜(光慧) 대사

광혜 대사는 처음에 용천(龍泉)에 있었는데 법상에 올라 대중에게 말하였다.
"설봉 화상이 남을 위하는 것이 마치 금시조(金翅鳥)가 바다에 들어가서 용을 잡는 것 같다."
이때에 어떤 승려가 물었다.
"화상은 어떠하십니까?"
대사가 말하였다.
"어디를 갔다 왔는가?"

前撫州曹山本寂禪師法嗣。撫州荷玉山玄悟大師光慧。初住龍泉。上堂謂眾曰。雪峯和尚為人如金翅鳥入海取龍相似。時有僧問。和尚如何。師曰。什麼處去來。

"어떤 것이 서쪽에서 오신 분명한 뜻입니까?"
"절을 하지 않고 어느 때를 기다리려는가?"

"어떤 것이 비밀히 전한 마음입니까?"
대사가 말없이 보이니, 승려가 말하였다.
"그렇다면 공연히 귀만 기울였습니다."
대사가 시자를 불러서 말하였다.
"불을 가져와 태워 버려라."

"옛사람이 말하기를 '일구(一句)를 논하여 주해를 내서 겁을 지난다 해도 들여우의 혼신이 된다.'라고 했으니, 옛사람의 뜻이 무엇입니까?"
"용천(龍泉)의 승당은 잠긴 적이 없었다."
"화상께서는 어떠하십니까?"
"바람이 귀를 스치는구나."

問如何是西來的的意。師曰。不禮拜更待何時。問如何是密傳底心。師良久。僧曰。恁麼則徒勞側耳。師喚侍者云。來燒火著。問古人道。若記一句論劫作野狐精。未審古人意如何。師曰。龍泉僧堂未曾鎖。曰和尚如何。師曰。風吹耳朶。

"길에서 사나운 짐승을 만났을 때에는 어떠합니까?"
"어찌 해치겠는가?"

"어떤 것이 소리 이전의 한 구절입니까?"
"말하지 않은 것 같구나."

"옛 사람이 말하기를 '이글거리는 화로 속의 한 점 눈〔雪〕같다.'라고 한 뜻이 무엇입니까?"
"눈썹만큼이라도 좋아서 취하는 것을 두려워해라."

"어떻게 가리켜 보여야 하루 종일 매(昧)하지 않겠습니까?"
"눈 위에다 다시 서리를 더하지 말라."
"이러한 즉 모두가 화상으로 인한 것이겠습니다."
"무엇을 인했다 하는가?"

問路逢猛獸時如何。師曰。憨作麼。問如何是聲前一句。師曰。恰似不道。問古人云。如紅爐上一點雪。意旨如何。師曰。惜取眉毛好。問如何指示卽不昧於時中。師曰。不可雪上更加霜。曰恁麼卽全因和尚去也。師曰。因什麼。

"어떻게 수행해야 종풍을 매하지 않겠습니까?"
"용천의 좋은 솜씨라고 하라."
"화상의 좋은 솜씨를 보여 주십시오."
"종자기(鍾子期)[20]가 생각나는구나."

"옛사람이 말하기를 '살았다고도 말하지 못하고 죽었다고도 말하지 못한다.'라고 한 뜻이 무엇입니까?"
대사가 말없이 보이니, 승려가 절을 하였다. 이에 대사가 말하였다.
"알겠는가?"
"모르겠습니다."
"가난한 부엌의 솥에는 티끌만 가득하구나."

어느 때 대사가 주장자를 들어 대중에게 보이고 말하였다.

問如何履踐卽得不昧於宗風。師曰。須道龍泉好手。曰請和尙好手。師曰。却憶鍾期。問古人道。生也不道死也不道意如何。師良久。僧禮拜。師曰。會麽。曰不會。師曰。也是厨寒甑足塵。師有時擧拄杖示衆曰。

---

20) 종자기(鍾子期) : 춘추시대 때 거문고의 명인인 백아의 거문고 소리를 알아주었던 절친한 친구.

"위로부터 모두가 이 한 길의 방편으로 사람을 지도하였다."
이때에 어떤 승려가 나서서 물었다.
"화상께서도 또한 이것을 지혜로부터 일으켰겠습니다."
"서로 다 일러 주었다."

"기틀의 기관이 돌지 않습니다. 청하오니 스님께서 헤아려 주십시오."
"나의 입을 막으려는가?"

"어떤 것이 문수입니까?"
"제2의 달이 있을 수 없다."
"지금의 일은 어떠합니까?"
"그것이 바로 제2의 달이다."

"어떤 것이 여래의 말씀입니까?"
"맹렬한 바람을 가히 끈으로 매겠느냐?"

從上皆留此一路方便接人。時有僧出曰。和尚又是從頭起也。師曰。謝相悉。問機關不轉請師商量。師曰。啞得我口麼。問如何是文殊。師曰。不可有第二月也。曰即今事如何。師曰。正是第二月。問如何是如來語。師曰。猛風可繩縛。

"어떤 것이 묘하게 밝은 참 성품입니까?"
"넓고 넓어서 상하게 할 수 없느니라."

대사가 법상에 올라 말없이 보이니, 어떤 승려가 나서서 말하였다.
"대중을 위해 힘을 쓰셨건만 재앙이 가문(家門)에서 나왔으니, 놓아 주어야 합니까, 놓아 주지 않아야 합니까?"
대사가 잠자코 있었다.

"어떤 것이 화상께서 사람을 위하는 한 구절입니까?"
"그대는 아홉 가지 빛을 가진 사슴이다."

"박옥(璞玉)을 안고 스님께 와서 귀의할 때에는 어찌합니까?"
"자기 집의 보물이 아니다."
"어떤 것이 자기 집의 보물입니까?"
"쪼지 않으면 보배를 이루지 못한다."

問如何是妙明眞性。師曰。寬寬莫搖損。師上堂良久。有僧出曰。爲衆竭力禍出私門。未審放過不放過。師默然。問如何是和尙爲人一句。師曰。汝是九色鹿。問抱璞投師時如何。師曰。不是自家珍。曰如何是自家珍。師曰。不琢不成珍。

무주(撫州) 하옥산(荷玉山) 현오(玄悟) 광혜(光慧) 대사

 토끼뿔

∽ "옛사람이 말하기를 '일구(一句)를 논하여 주해를 내서 겁을 지난다 해도 들여우의 혼신이 된다.'라고 했으니, 옛사람의 뜻이 무엇입니까?" 했을 때

대원은 "조주는 뜰앞 잣나무를 썼고 운문은 똥막대를 썼다." 하리라.

∽ "어떤 것이 소리 이전의 한 구절입니까?" 했을 때

대원은 "그렇게 보고 그렇게도 듣고 다녔으면서 묻고 있군." 하리라.

∽ 승려가 "옛사람이 말하기를 '살았다고도 말하지 못하고 죽었다고도 말하지 못한다.'라고 한 뜻이 무엇입니까?" 하고 묻자, 대사가 말없이 보이니, 승려가 절을 하였다. 이에 대사가 "알겠는가?" 하니, 승려가 "모르겠습니다." 했는데

대원이라면 "모르겠습니다." 했을 때 '할'을 했을 것이다.

  ∽"기틀의 기관이 돌지 않습니다. 청하오니 스님께서 헤아려 주십시오." 했을 때

  대원은 "무엇이라 했는가?"해서, 앞에서와 같이 물으면 "잘 도는구나." 하리라.

  ∽"어떤 것이 자기 집의 보물입니까?" 했을 때

  대원은 엄지를 세웠을 것이다.
"험."

균주(筠州) 동산(洞山) 도연(道延) 선사(제4세 주지)[21]

처음에 조산(曹山) 화상이 설법하기를 '어떤 한 사람이 만 길이나 되는 벼랑에서 밑으로 뛰어 내린다. 이것이 누구이겠는가?'라고 하니, 대중이 아무도 대답이 없었다. 이에 대사가 나서서 말하였다.

"있지 않습니다."

"있지 않다고 한 것은 누구인가?"

"비로소 그 무엇이 쳐도 부서지지 않겠습니다."

조산이 깊게 긍정하였다.

어떤 승려가 물었다.

"화상께서 심인(心印)을 비밀히 전해 주시기 바랍니다."

"이 속에 사람이랄 것도 없는데 어떻게 속이겠는가?"

筠州洞山道延禪師(第四世住 時號 鹿頭和尚)。始因曹山和尚垂語云。有一人向萬丈崖頭騰身擲下此是什麼人。眾皆無對。師出對曰。不存。曹山曰。不存箇什麼。曰始得撲不碎。曹山深肯之。僧問。請和尚密付真心。師曰。欺者裏無人作麼。

---

21) 제4세 주지. 당시 녹두 화상이라고도 불렀다. (원주)

 토끼뿔

'어떤 한 사람이 만 길이나 되는 벼랑에서 밑으로 뛰어 내린다. 이것이 누구이겠는가?' 했을 때

대원은 죽비를 세 번 쳤을 것이다.

형주(衡州) 상녕현(常寧縣) 육왕산(育王山) 홍통(弘通) 선사

홍통 선사에게 어떤 이가 물었다.
"혼돈하여 천지가 나뉘어지지 않을 때에는 어떠합니까?"
대사가 말하였다.
"혼돈이니라."
"나누어진 뒤에는 어떠합니까?"
"혼돈이니라."

법상에 올라 대중에게 보이고 말하였다.
"석가여래께서 세상에 나타나시어 49년 동안에도 다 말씀하시지 못한 것을 오늘 저녁에 내가 부끄러움을 무릅쓰고 여러분과 이야기를 나누리라."
말없이 보이고 말하였다.
"잘못했다고 하지 말라. 안녕."

衡州常寧縣育王山弘通禪師。問混沌未分時如何。師曰。混沌。曰分後如何。師曰。混沌。上堂示眾曰。釋迦如來出世四十九年說不到底句。今夜某甲不避羞恥與諸尊者共譚。良久云。莫道錯。珍重。

"학인이 병이 있으니 스님께서 고쳐 주십시오."
"병을 가져 오너라. 고쳐 주리라."
"고쳐 주십시오."
"내 약값이나 갚아라."

"조원(曹源)[22]의 한 길은 묻지 않겠으나, 형양강(衡陽江)[23] 기슭의 일은 어떠합니까?"
"이글거리는 도가니 속에 뿌리 없는 풀이요, 푸른 못 깊은 곳에서 고기떼를 만나지 못했다."

"마음과 법을 다 잊을 때에는 어떠합니까?"
"세 발 달린 개구리가 큰 코끼리를 업었다."

"어떤 것이 서쪽에서 오신 뜻입니까?"
"소름이 오싹하는구나."

問學人有病請師醫。師曰。將病來與汝醫。曰便請師醫。師曰。還老僧藥價錢來。問曹源一路即不問。衡陽江畔事如何。師曰。紅爐焰上無根草。碧潭深處不逢魚。問心法雙忘時如何。師曰。三脚蝦蟇背大象。問如何是西來意。師曰。老僧毛竪。

---

22) 조원(曹源) : 조산의 본적 선사를 가리킨다.
23) 형양강(衡陽江) : 조산의 제자인 홍통 선사를 가리킨다.

"어떤 것이 불법의 대의입니까?"
"문수가 지나 가거든 그대에게 말하리라."
"문수가 지나 갔습니다. 말씀해 주십시오."
대사가 때렸다.

"어떤 것이 화상의 가풍입니까?"
"온 몸뚱이가 모두 오푼어치도 되지 않는다."
"그토록 몹시 가난합니까?"
"옛날부터 이러했다."
"어떻게 베풀어 차립니까?"
"넉넉히 하고 넉넉히 하지 않는 것은 집안 형편에 따른다."

問如何是佛法大意。師曰。直待文殊過即向你道。曰文殊過也請和尚道。師便打。問如何是和尚家風。師曰。渾身不直五分錢。曰太恁貧寒生。師曰。古代如是。曰如何施設。師曰。隨家豐儉。

토끼뿔

"마음과 법을 다 잊을 때에는 어떠합니까?" 했을 때

대원은 "한 방망이가 꼭 필요하니라." 하리라.

무주(撫州) 금봉(金峯) 종지(從志) 대사

종지 대사의 호는 현명(玄明)이다.
진(進) 상좌라는 이가 물었다.
"어떤 것이 금봉의 참 주인입니까?"
대사가 말하였다.
"여기서 고을 관청까지는 멀지 않으니 그대는 너무 서둘지 말라."
"왜 말씀하시지 않습니까?"
"입이 주춧돌 같다."

"천만 봉우리 가운데 어떤 것이 금봉입니까?"
대사가 이마만을 두드리고 있었다.

撫州金峯從志號玄明大師。有進上座問。如何是金峯正主。師曰。此去鎮縣不遙。闍梨莫造次。進曰。何不道。師曰。口如磉盤。問千峯萬峯如何是金峯。師乃斫額而已。

"천 봉우리에 구름이 없고 만리에 노을이 걷혔을 때에는 어떠합니까?"
"비원령(飛猿嶺) 저쪽으로 왜 용맹스럽게 토해 버리지 않는가?"

"어떤 것이 서쪽에서 오신 뜻입니까?"
"벽 틈에서 쥐가 듣는다."

"어떤 것이 화상의 가풍입니까?"
"금봉의 문 앞에는 5리패(五里牌)가 없다."

대사는 나중에 금능의 보은원(報恩院)에 살다가 입멸하니, 시호는 원광 선사(圓廣禪師)이고, 탑호는 귀적(歸寂)이라 하였다.

問千峯無雲萬里絕霞時如何。師曰。飛猿嶺那邊何不猛吐却。問如何是西來意。師曰。壁邊有鼠耳。問如何是和尚家風。師曰。金峯門前無五里牌。師後住金陵報恩院入滅。諡圓廣禪師塔曰歸寂。

토끼뿔

"천 봉우리에 구름이 없고 만리에 노을이 걷혔을 때에는 어떠합니까?" 했을 때

대원은 "습득이 비를 둘러메고 갈 때가 비슷하니라." 하리라.

양주(襄州) 녹문산(鹿門山) 화엄원(華嚴院) 처진(處眞)선사

처진 선사에게 어떤 이가 물었다.
"어떤 것이 화상의 가풍입니까?"
대사가 말하였다.
"소금은 있고 초는 없다."

"어떤 것이 도인입니까?"
"입이 콧구멍과 같다."
"홀연히 객이 오면 무엇으로 대접합니까?"
"사립문, 거적문을 지나온 그대여 감사한다."

"조사와 조사끼리 전하신 것이 무슨 물건입니까?"
"금란가사(金襴袈裟)이니라."

襄州鹿門山華嚴院處真禪師。問如何是和尚家風。師曰。有鹽無醋。問如何是道人。師曰。有口似鼻孔。曰忽遇客來時將何祇對。師曰。柴門草戶謝汝經過。問祖祖相傳是什麼物。師曰。金襴袈裟。

"어떤 것이 함(函) 속의 반야입니까?"
"불전(佛殿) 옆의 시렁에 있는 6백 권이니라."

"화상께서는 백년 뒤에 어디로 가시겠습니까?"
"산 밑의 이씨 집에 소가 되리라."
"학인이 따라가기를 허락하시겠습니까?"
"그대가 따라온다 하면 같은 류의 뿔일 수 없다."
승려가 "예."라고 대답하자, 대사가 말하였다.
"어디로 가야 되겠는가?"
"불안(佛眼)으로도 판단할 수 없습니다."
"놓아 버리지 않는다면 역시 까마득하리라."

"어떤 것이 녹문의 높고 험준한 곳입니까?"
"그대는 일찍이 주산(主山)에 오른 적이 있는가?"

問如何是函中般若。師曰。佛殿挾頭六百卷。問和尚百年後向什麼處去。師曰。山下李家使[24]牛去。曰還許學人相隨也無。師曰。汝若相隨莫同頭角。曰諾。師曰。合到什麼處。曰佛眼辨不得。師曰。若不放過亦是茫茫。問如何是鹿門高峻處。師曰。汝曾上主山也無。

---

24) 使가 원나라본에는 作으로 되어 있다.

"어떤 것이 선(禪)입니까?"
"난새[25]와 봉황이 닭의 둥우리에 들어갔다."
"어떤 것이 도입니까?"
"연 뿌리 끊을 때 나오는 실로 코끼리를 끈다."

"겁이 무너질 때에 그것도 무너집니까?"
"벼랑 끝에서 범의 눈이 노리니 특별한 한바탕 근심거리겠구나."

"어떤 것이 화상께서 몸을 굴린 곳입니까?"
"지난밤 삼경에 목침을 잃어 버렸다."

"한 글귀로 깨달았을 때에는 어떠합니까?"
"그대는 뉘집 자손이던가?"

대사가 게송 하나를 보이고 대중에게 말하였다.

問如何是禪。師曰。鸞鳳入鷄籠。曰如何是道。師曰。藕絲牽大象。問劫壞時此箇還壞也無。師曰。臨崖覰虎眼特地一場愁。問如何是和尚轉身處。師曰。昨夜三更失却枕子。問一句下豁然時如何。師曰。汝是誰家生。師有一偈。示眾曰。

---

25) 난새 : 봉황처럼 생긴 중국 전설 속의 새.

한 조각 응연(凝然)한 광채가 찬란하나
뜻으로 헤아려 쫓아 찾으면 끝내 보지 못하리
밝게 이러-한 데에 사무쳐 인정을 비워 버리면
큰일〔大事〕이 분명하니 모두 다 판별할 걸세

이러-히 쾌활해서 얽매임 없음이여
황금 만량으로도 바꿀 수 없다네
천만 성인이 세상에 나온다 해도
모두가 이것의 그림자 놀음일세

一片凝然光燦爛
擬意追尋卒難見
炳然擲著豁人情
大事分明皆總辦
是快活 無繫絆
萬兩黃金終不換
任他千聖出頭來
從是向渠影中現

 토끼뿔

"겁이 무너질 때에 그것도 무너집니까?" 했을 때

대원은 할을 하고 "무어라 하겠느냐?" 했을 것이다.

무주(撫州) 조산(曹山) 혜하(慧霞) 요오(了悟) 대사 (제2세 주지)

요오 대사[26]에게 어떤 이가 물었다.
"부처님께서 세상에 나시기 전에는 어떠하였습니까?"
대사가 말하였다.
"조산 같지도 않았다."
"세상에 나오신 뒤에는 어떠합니까?"
"같지도 않은 조산이다."

"사방에서 산이 닥쳐올 때에는 어떠합니까?"
"조산의 그 속에 있다."
"나오기를 구합니까?"
"만약 그 속에 있어서 나오기를 구한다면 허락하겠느냐?"

撫州曹山慧霞了悟大師(第二世住先住荷玉山)。問佛未出世時如何。師曰。曹山不如。曰出世後如何。師曰。不如曹山。問四山相逼時如何。師曰。曹山在裏許。曰還求出也無。師曰。若在裏許即求出。

---

26) 제2세 주지. 먼저 하옥산에 살았다. (원주)

어떤 승려가 모시고 서 있는데 대사가 말하였다.
"도자(道者)여, 몹시 덥군."
"그렇습니다."
"이런 더위를 어디로 가야 피하겠는가?"
"끓는 가마나 숯불 속에서 피합니다."
"끓는 가마나 숯불 속에서 어떻게 피할 수 있겠는가?"
"뭇 고통이 침노하지 못하기 때문입니다."
대사가 잠자코 있었다.

僧侍立。師曰。道者可殺炎熱。曰是。師曰。只如炎熱向什麼處迴避得。曰向鑊湯爐炭裏迴避。師曰。只如鑊湯爐炭作麼生迴避得。曰眾苦不能到。師默置。

 토끼뿔

∽ "부처님께서 세상에 나시기 전에는 어떠하였습니까?" 했을 때

대원은 "겨울 오동이다." 하리라.

∽ "사방에서 산이 닥쳐올 때에는 어떠합니까?" 했을 때

대원은 "칠년 가뭄에 소낙비다." 하리라.

형주(衡州) 화광(華光) 범(範) 선사

범(範) 선사에게 어떤 이가 물었다.
"어떤 것이 무봉탑입니까?"
대사가 승당을 가리키면서 말하였다.
"이곳의 승당은 문이 없다."

대사가 어떤 승려에게 물었다.
"자릉(紫陵)에 가 보았는가?"
"가 보았습니다."
"녹문(鹿門)에는 가 보았는가?"
"가 보았습니다."
"그러면 자릉의 법을 잇는 것이 옳은가, 녹문의 법을 잇는 것이 옳은가?"

衡州華光範禪師。問如何是無縫塔。師指僧堂曰。此間僧堂無門戶。師問僧。曾到紫陵無。曰曾到。師曰。曾到鹿門無。曰曾到。師曰。嗣紫陵即是。嗣鹿門即是。

"지금 화상의 법을 이으려는데 되겠습니까?"
"인정에 끌려서 때리지 않으면 옳지 못하겠구나."

"학인은 숨거나 드러남이 없습니다. 어떤 것이 화상입니까?"
"건곤(乾坤)이 다한 것이다."
"그것도 역시 학인입니다. 어떤 것이 화상입니까?"
"아까부터 말한 것이 틀림이 없느니라."

曰即今嗣和尚得麽。師曰。人情不打即不可。問非隱現是學人阿那箇是和尚。師曰。盡乾坤。曰此猶是學人阿那箇是和尚。師曰。適來道不錯。

 토끼뿔

"학인은 숨거나 드러남이 없습니다. 어떤 것이 화상입니까?" 했을 때

대원은 "숨거나, 드러남이 없다는 것까지도 설 수 없는 경지를 일러 봐라." 하리라.

처주(處州) 광리(廣利) 용(容) 선사[27]

어떤 승려가 새로 오니, 대사가 불자를 들고 말하였다.
"정계(貞谿) 노장이 안목을 갖추었던가?"
그 승려가 말하였다.
"저는 감히 남의 허물을 보지 못합니다."
"자신의 손아귀에서 죽는구나."

"어떤 것이 화상의 가풍입니까?"
"그대가 파해 주어서 고맙다."

"서원(西院)이 손뼉을 치면서 허허하고 웃은 뜻이 무엇입니까?"
"발〔簾〕을 말아 올려라."

處州廣利容禪師(先住貞谿)。有僧新到。師舉拂子曰。貞谿老師還具眼麼。曰某甲不敢見人過。師曰。死在闍黎手裏也。問如何是和尚家風。師曰。謝闍黎道破。問西院拍手笑嘘嘘意作麼生。師曰。卷上簾子著。

---

27) 앞의 정계의 주지이다. (원주)

"자기를 밝히지 못했는데 어떻게 밝혀야 합니까?"
"밝힐 수 없다."
"어째서 밝힐 수 없습니까?"
"도를 볼 수 없음은 자기의 일이기 때문이다."

태수가 대사에게 물었다.
"노조(魯祖)께서 벽을 향해 앉은 뜻이 무엇입니까?"
대사가 말없이 보이고 말하였다.
"알겠는가?"
"잘 모르겠습니다."
대사가 말하였다.
"노조가 벽을 향해 앉았다."
태수가 알아듣고 돌아가는데, 대사가 전송을 나왔다가 이야기를 나누던 끝에 태수가 물었다.

問自己不明如何明得。師曰。不明。曰爲什麼不明。師曰。不見道自己事。問魯祖面壁意作麼生。師良久曰。還會麼。曰不會。師曰。魯祖面壁。郡守受代歸。師出送接話次郡守問。

"화상께서 산문(山門)까지 나오셨는데 무슨 물건을 가지고 오셨습니까?"

대사가 말하였다.

"다함이 없는 보배를 태수에게 드리리다."

태수가 대답이 없자 어떤 사람이 나와서 말하였다.

"당장 청합니다."

대사가 말하였다.

"존엄하신 태수다."

"천 가닥의 길이 끊기어 말도 뜻도 통하지 않을 때에는 어떠합니까?"

"역시 섬돌 아래 사람이구나."

대사가 대중에게 말하였다.

"만일 광리의 문하에 왔다면 모름지기 제일구를 이를 수 있어야 한 가닥의 이야깃거리를 형제들과 함께 의논할 수 있다."

和尚遠出山門將什麼物來。師曰。無盡之寶呈獻太守。無對。後有人進語曰。便請。師曰。太守尊嚴。問千途路絶語思不通時如何。師曰。猶是堦下漢。師謂衆曰。若到來廣利門下。須道得第一句。卽開一線道與兄弟商量。

이때에 어떤 승려가 나서서 절을 하니, 대사가 말하였다.
"이국(異國)에서 온 배 주인인 줄 알았더니, 원래 이 고을의 장사 치구나."

時有僧出禮拜。師曰。將謂是異國舶主。元來是此郡商人。

 토끼뿔

∽ "자기를 밝히지 못했는데 어떻게 밝혀야 합니까?" 했을 때

대원은 뺨을 후려쳤을 것이다.
"험."

∽ "천 가닥의 길이 끊기어 말도 뜻도 통하지 않을 때에는 어떠합니까?" 했을 때

대원은 정강이를 걷어찼을 것이다.

천주(泉州) 여산(廬山) 소계원(小谿院) 행전(行傳) 선사

행전 선사는 청원(靑原) 사람으로 성은 주(周)씨이다. 고향의 석종원(石鍾院)에서 출가하여 복주(福州)의 태평사(太平寺)에서 계를 받고, 조산(曹山)에게 인가를 받은 뒤에 소계(小谿)에 살았다.

어떤 이가 물었다.

"노산 석문에서 오래 누렸는데, 어찌해서 들어감이 없다고 합니까?"

대사가 말하였다.

"둔한 사람이구나."

"영리한 사람을 만나면 허락하시겠습니까?"

"차나 마시고 가거라."

泉州廬山小谿院行傳禪師。青原人也。姓周氏。本州石鍾院出家。福州太平寺受戒。自曹山印可而居小谿。問久嚮廬山石門。為什麼入不得。師曰。鈍漢。曰忽逢猛利者還許也無。師曰。喫茶去。

 토끼뿔

"노산 석문에서 오래 누렸는데, 어찌해서 들어감이 없다고 합니까?" 했을 때

대원은 "한 방망이에 한 할을 더하노라." 하리라.

서천(西川) 포수(布水) 암(巖) 화상

암(巖) 화상에게 어떤 이가 물었다.
"어떤 것이 서쪽에서 오신 뜻입니까?"
대사가 말하였다.
"한 번 도라는 생각이 분명하다 해도 온통 상한 마음일 뿐이다."

"보검(寶劍)을 갈기 전은 어떠합니까?"
"쓸모가 없다."
"간 뒤에는 어떠합니까?"
"범할 수 없다."

西川布水巖和尚。問如何是西來意。師曰。一回思著一傷心。問寶劍未磨時如何。師曰。用不得。曰磨後如何。師曰。觸不得。

🐦 토끼뿔

"보검(寶劍)을 갈기 전은 어떠합니까?" 했을 때

대원은 "쓰는 것이라면 망친다." 하리라.

촉천(蜀川) 서선(西禪) 화상

서선 화상에게 어떤 이가 물었다.
"부처님은 마야부인에 의해 태어나셨는데, 화상은 누구의 집안 자손이십니까?"
대사가 말하였다.
"물 위에 붉은 깃발이 높이 솟았다."

"서른 여섯 갈래의 길에서 어느 한 길이 가장 묘합니까?"
"제일가는 솜씨는 나오는 것이 아니다."
"홀연히 나왔을 때에는 어떠합니까?"
"등을 땅에 대는 것처럼 어렵지 않다."

蜀川西禪和尚。問佛是摩耶降。未審和尚是誰家子。師曰。水上卓紅旗。問三十六路阿那箇一路最妙。師曰。不出第一手。曰忽被出頭時如何。師曰。脊著地也不難。

 토끼뿔

"서른여섯 갈래의 길에서 어느 길이 가장 묘합니까?" 했을 때

대원은 "나뉘고 합한 것에 속하지 않는 것이니라." 하리라.

화주(華州) 초암(草庵) 법의(法義) 선사

법의 선사에게 어떤 이가 물었다.
"어떤 것이 조사께서 서쪽에서 오신 뜻입니까?"
대사가 말하였다.
"거품을 기름에 튀겨 배부르게 먹는다."

"마음으로 헤아리면 곧 어긋나고 생각을 움직이면 곧 어긴다 하니, 학인이 어떻게 나아가야 합니까?"
"어떤 사람은 항상 헤아리는데 어째서 어긋나지 않는가?"
"지금의 일은 어떠합니까?"
"벌써 어긋났다."

華州草庵法義禪師。問如何是祖師西來意。師曰。爛炒浮漚飽滿喫。問擬心即差動念即乖。學人如何進道。師曰。有人常擬為什麼不差。曰即今事如何。師曰。早成差也。

 토끼뿔

"마음으로 헤아리면 곧 어긋나고 생각을 움직이면 곧 어긴다 하니, 학인이 어떻게 나아가야 합니까?" 했을 때

대원은 한 대 때렸을 것이다.

소주(韶州) 화엄(華嚴) 화상

화엄 화상에게 어떤 이가 물었다.
"이미 화엄인데 가지고 왔다 하겠습니까?"
대사가 말하였다.
"높은 산 정상에 천 송이의 꽃이 빼어나고, 일구(一句)의 기틀에서 성인의 밝음으로 대하네."

"어떤 것이 도입니까?"
"신령스런 나무는 곁가지가 없고, 천연한 기틀은 도에 합한다."

韶州華嚴和尚。問既是華嚴還將得來麼。師曰。孤峯頂上千花秀。一句當機對聖明。問如何是道。師曰。靈樹無橫枝天機道合同。

 토끼뿔

"어떤 것이 도입니까?" 했을 때

대원은 "무쇠소를 탄 나무처녀의 노래고, 옥범을 탄 돌사내의 북놀음이다." 하리라.

앞의 담주(潭州) 용아산(龍牙山) 거둔(居遁) 선사의 법손

담주(潭州) 보자(報慈) 장서(藏嶼) 광화(匡化) 대사

광화 대사에게 어떤 이가 물었다.
"심안(心眼)으로 마주 볼 때에는 어떠합니까?"
대사가 말하였다.
"그대를 향해 무엇을 말하랴?"

"어떤 것이 진실하게 본 것입니까?"
"털끝만큼도 막히지 않았다."

前潭州龍牙山居遁禪師法嗣。潭州報慈藏嶼匡化大師。問心眼相見時如何。師曰。向汝道什麼。問如何是實見處。師曰。絲毫不隔。

"그러면 본 것이겠습니다."
"남전(南泉)이 매우 좋아하며 간 곳이다."

"어떤 것이 서쪽에서 오신 뜻입니까?"
"지난밤 삼경에 강을 건너보냈다."

"기틀에서 활용할 때에는 어떠합니까?"
"해동(海東)에 과일나무가 있는데 끝에 심지니라."

"어떤 것이 진여의 불성입니까?"
"누구에게 없는가?"

"어떤 것이 모든 것을 초월했다는 것마저 세우지 않는 한 길입니까?"
"침주, 연주, 도주, 영주이니라."

曰恁麼即見也。師曰。南泉甚好去處。問如何是西來意。師曰。昨夜三更送過江。問臨機便用時如何。師曰。海東有果樹頭心。問如何是真如佛性。師曰。阿誰無。問如何是向上一路。師曰。郴連道永。

"화상의 연세가 얼마입니까?"
"가을이 오면 단풍이 지고, 봄이 되면 꽃이 핀다."

대사가 일찍이 진영에 찬을 지었다.

연산에 해가 솟고
집집마다 달이 두렷하다
이 몸이 없다고도 말고
온전히 드러내려고도 말라

어느 날 대사가 휘장 안에 앉았는데 어떤 승려가 와서 물었다.
"듣건대 스님께서 말씀하시기를 '몸이 없다고도 말고 온전히 드러내려고도 말라.'라고 하셨다는데, 온전히 드러내 보십시오."

問和尙年多少。師曰。秋來黃葉落春到便花開。 師嘗著眞贊曰。
日出連山
月圓當戶
不是無身
不欲全露
一日師在帳內坐。僧問。承師有言。不是無身不欲全露。請師全露。

대사가 휘장을 열어 제쳤다.[28]

"어떤 것이 호남(湖南)의 경계입니까?"
"큰 배와 높은 돛대니라."
"학인도 구경을 할 수 있습니까?"
"사리에 어두운 그대에게 맡긴다."

"화상께서 백 년을 마치신 뒤에 누군가가 물으면 어떻게 답하시겠습니까?"
"분명히 기억해둬라."

"어떤 것이 용아산(龍牙山)입니까?"
"익양(益陽) 저쪽이니라."
"어찌하여야 옳겠습니까?"
"헤아리지 말라."

師乃撥開帳(法眼別云。飽叢林)。問如何是湖南境。師曰。樓船戰棹。曰還許學人遊翫也無。師曰。一任闍梨打偡。問和尚百年後。有人問如何祗對。師曰。分明記取。問如何是龍牙山。師曰。益陽那邊。曰如何即是。師曰。不擬。

---

28) 법안(法眼)이 따로 말하기를 "배부른 총림입니다." 하였다. (원주)

"어떤 것이 헤아리지 않는 것입니까?"
"그러면 옳지 못하다."

"옛사람이 벽을 향해 앉은 뜻이 무엇입니까?"
대사가 말없이 보이고, '아무개야!'라고 불렀다. 승려가 대답하니 대사가 말하였다.
"그대는 가 있다가 다음에 오너라."

대사가 설법을 하였다.
"일구(一句)란 온누리에 두루한 것이어서 묻자마자 바로 즉시 일러야 한다. 일구는 물어도 이를 수 없다."
어떤 이가 물었다.
"어떤 것이 온누리에 두루한 구절입니까?"
대사가 말하였다.
"비거나 모자람이 없다."

曰如何是不擬去。師曰。恁麼即不是。問古人面壁意如何。師良久却喚某甲。僧應諾。師曰。你去別時來。師垂語曰。一句徧大地。一句纔問便道。一句問亦不道。問如何是徧大地句。師曰。無空缺。

"어떤 것이 묻자마자 바로 이르는 구절입니까?"
"소리를 낮춰라, 소리를 낮춰."
"어떤 것이 물어도 이를 수 없는 구절입니까?"
"바로 들어맞게 아는 때다."

如何是纔問便道句。師曰。低聲低聲。如何是問亦不道句。師曰。便合知時。

 토끼뿔

⌒ "심안(心眼)으로 마주 볼 때에는 어떠합니까?" 했을 때

대원은 "이렇다." 하리라.

⌒ "일구(一句)란 온누리에 두루한 것이어서 묻자마자 바로 즉시 일러야 한다. 일구는 물어도 이를 수 없다." 했을 때

대원은 "답 아닌 것이나 일러 주소서." 하리라.

양주(襄州) 함주산(含珠山) 심철(審哲) 선사

심철 선사에게 어떤 이가 물었다.
"어떤 것이 깊고 깊은 곳입니까?"
대사가 말하였다.
"한 치의 못[釘]을 나무에 박으니, 여덟 마리의 소가 끌어도 나오지 않는다."

"어떤 것이 정법안(正法眼)입니까?"
"삼문(三門) 앞의 귀신이니라."

"어떤 것이 불법의 대의입니까?"
"가난한 여자가 아기를 안고 강을 건너는데, 은혜와 애정이 앞을 다투어 흐른다."

襄州含珠山審哲禪師。問如何是深深處。師曰。寸釘入木八牛拽不出。問如何是正法眼。師曰。三門前神子。問如何是佛法大意。師曰。貧女抱子渡恩愛競隨流。

대사가 어떤 승려에게 물었다.

"있다 해도 옳지 않고, 없다고 해도 옳지 않고, 있지 않다 하거나, 없지 않다고 해도 모두 옳지 않은데, 그대의 이름이 무엇인가?"

승려가 말하였다.

"학인은 벌써 이름을 갖추었습니다."

"이름을 갖추었다면 없지 않으리니, 이름이 무엇인가?"

"다만 이것뿐이지 않습니까?"

"교섭이 끊긴 것이 기쁘다."

"어찌하여야 옳습니까?"

대사가 말하였다.

"친절한 곳을 한번 물어 봐라."

승려가 말하였다.

"학인은 말할 수 없으니, 화상께서 말씀해 주십시오."

"다른 날 오면 그대에게 말해 주리라."

"지금은 어째서 말하지 못하십니까?"

"말귀 알아듣는 이를 찾을 수가 없구나."

師問僧曰。有亦不是。無亦不是。不有不無俱不是。汝本來名箇什麽。曰學人已具名了。師曰。具名即不無名箇甚麽。曰只者莫便是否。師曰。且喜沒交涉。曰如何即是。師曰。親切處更請一問。曰學人道不得請和尚道。師曰。別日來與汝道。曰即今為什麽不道。師曰。覓箇領話人不可得。

대사가 또 어떤 승려에게 물었다.

"왕(王)씨, 장(張)씨, 이(李)씨라 하는 것은 모두 옳지 않으니, 어떤 것이 그대 본래의 성인가?"

"화상과 같은 성입니다."

"같은 성이라는 말은 그만두고, 본래의 성이 무엇인가?"

"한(漢)나라의 물이 거슬러 흐르거든 화상께 말하겠습니다."

"지금은 어째서 말하지 못하는가?"

"한나라의 물이 거슬러 흐릅니까?"

대사가 그만두었다.

師又問一僧曰。姓王姓張姓李俱不是。汝本來姓箇什麼。曰與和尚同姓。師曰。同姓即且從。本來姓箇什麼。曰待漢水逆流。即向和尚道。師曰。即今為什麼不道。曰漢水逆流也未。師乃休。

토끼뿔

୧ "있다 해도 옳지 않고, 없다고 해도 옳지 않고, 있지 않다 하거나, 없지 않다고 해도 모두 옳지 않은데, 그대의 이름이 무엇인가?"했을 때

대원은 "나 먼저 화단의 꽃들이 누설했습니다."하리라.

୧ "왕(王)씨, 장(張)씨, 이(李)씨라 하는 것은 모두 옳지 않으니, 어떤 것이 그대 본래의 성인가?"했을 때

대원은 "선사 앞의 저것이 나 먼저 누설했습니다."하리라.

앞의 경조(京兆) 화엄사(華嚴寺) 휴정(休靜) 선사의 법손

봉상부(鳳翔府) 자릉(紫陵) 광일(匡一) 정각(定覺) 대사

정각 대사가 반룡(盤龍)에 갔는데, 어떤 승려가 반룡에게 묻기를 "푸른 못이 맑기가 거울 같은데 반룡은 어디에 도사리고 있습니까?"라고 하니, 반룡이 말하기를 "가라앉은 모래는 끝이 보이지 않고, 떠가는 물결은 높고 가파르다."라고 하는 것을 보고, 대사가 긍정하지 않고 스스로 답해 말하였다.

"금룡은 푸른 하늘 밖을 뚫고 나갔는데 못 속의 어찌 밝은 달의 기틀이랴"

반룡이 긍정하였다.

前京兆華嚴寺休靜禪師法嗣。鳳翔府紫陵匡一定覺大師。師到盤龍。見僧問盤龍云。碧潭淸似鏡盤龍何處安。龍曰。沈沙不見底浮浪足巉岏。師不肯。自答曰。金龍逈透靑霄外。潭中豈曉玉輪機。盤龍肯之。

대사가 주지가 된 뒤에 어떤 승려가 물었다.

"사람으로 태어나시기 전에는 무엇이었습니까?"

"돌소〔石牛〕가 걸음마다 불 속을 다니면서 몸을 돌이켜 태양 속의 풀을 한가히 뜯어 먹는다."

師住後僧問曰。未作人身已前作箇什麼來。師曰。石牛步步火中行。返顧休銜日中草。

토끼뿔

"푸른 못이 맑기가 거울 같은데 반룡은 어디에 도사리고 있습니까?" 했을 때

대원은 방자리를 크게 한 번 쳤을 것이다.
"험."

앞의 균주(筠州) 구봉(九峯) 보만(普滿) 대사의 법손

홍주(洪州) 봉서산(鳳棲山) 동안원(同安院) 위(威) 선사

위(威) 선사에게 어떤 이가 물었다.
"우두(牛頭)가 4조를 보기 전에는 어떠합니까?"
대사가 말하였다.
"길가의 성황당을 만나면 누구든 모두가 정성을 다한다."
"본 뒤에는 어떠합니까?"

前筠州九峯普滿大師法嗣。洪州鳳棲山同安院威禪師。問牛頭未見四祖時如何。師曰。路逢²⁹⁾神廟子見者盡勤³⁰⁾拳。曰見後如何。

---

29) 逢이 송, 원나라본에는 邊으로 되어 있다.
30) 勤이 원나라본에는 擎으로 되어 있다.

"방안에 영상(靈牀)³¹⁾을 없애고 나서는 온 집안이 상복을 입지 않는다."

"조사의 뜻과 교리의 뜻이 어떠합니까?"

"옥토끼가 새벽의 뜻을 알지 못했거니 금까마귀인들 어찌 날이 새는 줄 알았으랴."

"어떤 것이 동안(同安)의 한 곡조입니까?"

"신령스런 거문고로는 인간의 곡조를 퉁기지 않지만, 지음자(知音者)가 어찌 백아(伯牙)³²⁾의 문앞을 지나치랴."

"누가 알겠습니까?"

"나무말이 울 때에 그가 듣는다면 돌사람이 손뼉을 칠 때에는 누가 듣겠는가?"

"지음자(知音者)는 어떻겠습니까?"

師曰。室內無靈牀渾家不著孝。問祖意敎意如何。師曰。玉兔不曾知曉意。金烏爭肯夜頭明。問如何是同安一曲。師曰。靈琴不引人間韻。知音豈度伯牙門。曰誰人知得。師曰。木馬嘶時從彼聽。石人撫掌阿誰聞。曰知音如何。

---

31) 영상(靈牀) : 상(喪)을 치를 때, 염을 한 뒤 시체를 두는 곳.
32) 백아(伯牙) : 중국 춘추 시대의 거문고의 명인. 그의 거문고 소리를 즐겨 듣던 친구 종자기(鍾子期)가 죽자, 자기의 거문고 소리를 이해하는 사람을 잃었다고 슬퍼한 나머지 거문고의 줄을 끊고 일생 동안 거문고를 타지 않았다고 한다.

"지음자라면 귀로 헤아리지 않으리니, 통달했다면 어찌 같은 들음이겠는가?"

師曰。知音不度耳達者豈同聞。

 토끼뿔

"우두(牛頭)가 4조를 보기 전에는 어떠합니까?" 했을 때

대원은 "외유에서 돌아온 임제 대웅전서 절했다." 하고

"본 뒤에는 어떠합니까?" 했을 때

대원은 "단하가 혜림사 목불로 추운 방을 데운다." 하리라.

앞의 청림(青林) 사건(師虔) 선사의 법손

소주(韶州) 용광(龍光) 화상

용광 화상에게 어떤 이가 물었다.
"인왕과 법왕이 만났을 때에는 어떠합니까?"
대사가 말하였다.
"월국(越國)의 군왕은 칼을 뺀 적 없고, 용광(龍光)의 한 구절은 무너진 적이 없다."

대사가 법상에 올라 말없이 보이고 말하였다.
"번거롭게 하지 말라. 안녕."

前青林師虔禪師(洞山第三世住)法嗣。韶州龍光和尚。問人王與法王相見時如何。師曰。越國君王不按劍。龍光一句不曾虧。師上堂良久云。不煩珍重。

"어떤 것이 서쪽에서 오신 뜻입니까?"
"북쪽 바람이 한 번 부채질 하면, 한(漢)나라 땅에서는 위태로워진다."

"티끌을 헤치고 부처를 볼 때에는 어떠합니까?"
대사가 손바닥을 문지르면서 뒤를 돌아보았다.

"어떤 것이 용광의 한 구절입니까?"
"불공견삭(不空胃索)[33]이니라."
"학인이 잘 모르겠습니다."
"옴(唵)[34]."

"어떤 것이 극칙(極則)으로써 남을 위하는 곳입니까?"
"은근히 뒷사람에게 부촉해 지키게 한다."

問如何是西來意。師曰。胡風一扇漢地成機。問撥塵見佛時如何。師撫掌顧視。問如何是龍光一句子。師曰。不空胃索。曰學人不會。師曰。唵。問如何極則為人處。師曰。慇懃付囑後人看。

---

33) 불공견삭(不空胃索) : 대자대비의 견삭(胃索, 부처나 보살이 중생을 여러 방편으로 구제하는 것을 상징하는 여러 색실로 꼰 줄)으로 생사의 고해에 떠도는 중생을 건져 제도함을 뜻함.
34) 옴(唵) : 금강계의 다라니 주문.

"빈두로(賓頭盧)35)는 한 몸으로써 어찌 사천(四天)에 가서 공양을 받았습니까?"

"천 강에 한 가지인 온통 달이요, 만 집이 모두 다 봄을 만났다."

대사가 이런 게송을 읊었다.

용광산 마루에 보배로운 달이
건곤을 비추어 먹구름을 녹였네
존자는 옮길 수 없는 원래의 한바탕일 뿐인데
천 강에 그림자 나투어 집집마다 봄일세

問賓頭盧一身爲什麼赴四天供。師曰。千江同一月萬戶盡逢春。師有偈曰。
龍光山頂寶月輪
照耀乾坤爍暗雲
尊者不移元一質
千江影現萬家春

---

35) 빈두로(賓頭盧) : 십육 나한의 하나. 부처님의 부촉을 받들어 열반에 들어가지 아니하고 천축 마리지산에서 살면서 중생을 제도하는 아라한. 나반 존자라고도 한다.

🐦 토끼뿔

⸺ "인왕과 법왕이 만났을 때에는 어떠합니까?" 했을 때

대원은 "우순풍조하고 번창한다." 하리라.

⸺ "어떤 것이 극칙(極則)으로써 남을 위하는 곳입니까?" 했을 때

대원은 "이것이다."라는 말과 동시에 한 대 때렸을 것이다.
"험."

양주(襄州) 봉황산(鳳凰山) 석문사(石門寺) 헌(獻) 선사

헌(獻) 선사는 경조(京兆) 사람이다. 청림(青林)에게 수기를 받은 뒤로 두 곳에서 법문을 열었다. 그는 항상 대할 때마다 '좋고, 좋다. 대가여.'라고 하니, 사람들이 대가(大哥) 화상이라고 불렀다.
처음에 형악(衡嶽)에서 바위 굴속에 앉아 있는데, 때마침 협산(夾山) 화상이 입적하니 대중이 대사에게 주지를 하라고 청하므로 드디어 담주(潭州)에 갔다.
이때에 초왕(楚王)인 마(馬)씨가 마중을 나왔다가 물었다.
"어떤 것이 조사께서 서쪽에서 오신 큰 도입니까?"
"좋고, 좋다. 대가여. 어가(御駕)의 여섯 용은 천고에 빼어났고, 밀어서 연 옥 계단에서 호위 속에 금문을 나오셨네."

襄州鳳凰山石門寺獻禪師。京兆人也。自青林受記兩處開法。凡對機多云好好大哥。時謂大哥和尚。初居衡嶽。宴坐巖室。屬夾山和尚示寂。眾請師住持。師遂至潭州。時楚王馬氏出城延接。王問。如何是祖師西來大道。師曰。好好大哥。御駕六龍千古秀。玉堦排仗出金門。

왕이 대단히 존중히 여겨 천책부(天冊府)로 청해 들여 며칠 동안 공양을 바친 뒤에 협산(夾山)으로 돌아가게 하였다.

어떤 승려가 물었다.
"오늘의 이 모임이 영산과 무엇이 다릅니까?"
"하늘에서 보개(寶蓋)를 드리우니 중중무진함이 뛰어나고, 땅에서 금 연꽃이 솟으니 잎마다 새롭다."
"어떤 법을 가지고 사람들에게 보이십니까?"
"줄 없는 거문고 소리가 모래알같이 많은 세계에 널리 퍼지니, 맑고 화목함으로 대천세계의 기틀에 응한다."

"스님은 누구의 종풍을 이어받아 제창하십니까?"
"한 곡조의 궁상(宮商)[36]으로 음률의 높고 낮음을 살리나, 보배를 판단하는 것은 눈 푸른 호인이라야 한다."

王仰重延入天冊府供養。數日方至夾山[37]。僧問。今日一會何異靈山。師曰。天垂寶蓋重重異。地湧金蓮葉葉新。曰未審將何法示人。師曰。無絃琴韻流沙界。清和普應大千機。問師唱誰家曲。宗風嗣阿誰。師曰。一曲宮商看品弄。辨寶須知碧眼胡。

---

36) 궁상(宮商) : 오음(五音) 가운데 궁(宮)과 상(商)의 소리.
37) 夾山 다음에 송, 원나라본에는 坐道場이 있다.

"그렇다면 곧 맑은 물이 마을 밑을 흐르고, 보름달이 푸른 숲을 비춥니다."
"다자탑(多子塔) 앞에서 분명한 뜻을 나눈 뒤로 지금까지 뛰어나 세상을 큰 법음(法音)으로 제도한다."

대사는 협산에서 석문(石門)으로 옮겨가서 터를 잡아 절을 짓고 다시 법문을 열었다.
법상에 올라 대중에게 보이고 말하였다.
"유리 대궐의 빛나는 해는 사심이 없고, 칠보산 속에 황홀한 빛 온통 지혜일세. 지혜를 의지해 있음이여. 진흙소가 걸음을 걷고 나무말이 소리쳐 울부짖으니, 농부는 노래를 부르고 나무꾼은 춤을 춘다. 태양길 위에 깊고 깊은 옛 곡조를 숲속에서 만나니, 다시 무슨 일이 있으랴."
"구름 사이에 달이 뜰 때에는 어떠합니까?"

曰恁麼即淸流分洞下滿月照靑林。師曰。多子塔前分的意。至今異世度洪音。師自夾山遷至石門。開山創寺再闡玄風。上堂示衆曰。瑠璃殿上光輝之日。日無私。七寶山中晃耀之頭。頭有據。泥牛運步。木馬嘶聲。野老謳歌。樵人舞袖。太陽路上古曲玄音。林下相逢復有何事。問月生雲際時如何。

"서너 아이들이 꽃 북을 안고 있으니 좋고 좋은 대가(大哥)여, 나의 구문(毬門)³⁸⁾에 와서 막지 말라."

"어떤 것이 화상의 가풍입니까?"
"준마(駿馬)를 타고 높은 누각에 올라 쇠 채찍이 다하도록 오랑캐들의 길을 가리킨다."

"어떤 것이 석문의 경계입니까?"
"온 세계가 황금이라 딴 빛깔이 없어 오가면서 노는 아이들처럼 찾기를 쉬었다."
"어떤 것이 경계 안의 사람입니까?"
"형상이 없으니 범부와 성인의 지위에도 살지 않고, 새의 길을 거니니 자취가 없다."

師曰。三箇童兒抱花皷。好好大哥。莫來攔我毬門路。問如何是和尚家風。師曰。騎駿馬驟高樓。鐵鞭指盡胡人路。問如何是石門境。師曰。徧界黃金無異色。往來遊子罷追尋。曰如何是境中人。師曰。無相不居凡聖位。經行鳥道沒蹤由。

---

38) 구문(毬門) : 놀이에 쓰이는 공을 던져 넣을 수 있도록 만들어 세운 문.

"여러 사람이 금을 일면 누가 얻겠습니까?"
"평범한 사람이 금문(金門) 밖을 나서니, 돌사람이 온 세상을 휘어잡는다."
"그러면 남에게서 얻는 것이 아니겠습니다."
"삼공(三公)과 구경(九卿)이 차례로 늘어서서 금계(金雞)[39]가 세워졌는가나 보겠는가?"

"도의 세계는 다함없는 온통 몸이니, 한 점의 흔적마저 끊어졌을 때에는 어떻습니까?"
"아득한 백운이 눈 쌓인 봉우리를 희롱하고, 현묘한 길에 몸 굴리는 것에 머뭇거림이 없다."
"몸 굴릴 길이 어디에 있습니까?"
"돌사람이 손을 들 때 분명히 기억하고, 만 년 묵은 뼈다귀가 웃을 때 보아라."

問眾手淘金誰是得者。師曰。張三李四出金門。徧握乾坤石人在。日恁麼即不從人得也。師曰。三公九卿排班位。看取金雞竪也無。問道界無窮際通身絕點痕時如何。師曰。渺渺白雲漫雪嶽。轉身玄路莫遲遲。日未審轉身路在什麼處。師曰。石人舉手分明記。萬年枯骨笑時看。

---

39) 금계(金雞) : 황제가 조서를 내릴 때 세우는 기.

"여여(如如)하여 움직이지 않을 때에는 어떠합니까?"
"무슨 마칠 날인들 있으랴."
"어찌하면 옳습니까?"
"돌문짝은 자물쇠가 없다."

"어떤 것이 석문의 경계입니까?"
"까마귀와 솔개가 자주 날면서 운다."
"어떤 것이 경계 속의 사람입니까?"
"바람이 묵은 발과 난간에 부딪힌다."

반야사(般若寺)에 불이 나니 어떤 사람이 와서 물었다.
"반야라면서 왜 불에 탑니까?"
"만 리가 한 줄기 무쇠니라."

問如如不動時如何。師曰。有什麼了日。曰如何即是。師曰。石戶非關鎖。問如何是石門境。師曰。烏鳶飛叫頻。曰如何是境中人。師曰。風射舊簾櫳。因般若寺遭焚。有人問曰。既是般若為什麼被火燒。師曰。萬里一條鐵。

토끼뿔

"구름 사이에 달이 뜰 때에는 어떠합니까?" 했을 때

대원은 "벽 없으니 지킬 것도 없다." 하리라.

양주(襄州) 만동산(萬銅山) 광덕(廣德) 화상(제1세)

광덕 화상에게 어떤 이가 물었다.
"어떤 것이 화상의 가풍입니까?"
대사가 말하였다.
"산 앞에도 사람이 살지 않고, 산 뒤에는 더더욱 망망하다."

"어떤 것이 법신을 꿰뚫는 구절입니까?"
"산과 물에 오를 힘이 없고 사립문에 소식이 끊겼다."

"어떤 것이 불법의 대의입니까?"
"단풍 지는 것을 슬퍼하자마자 또다시 버들잎 푸른 것을 본다."

"온누리가 하나의 송장인데 어디에다 장사를 지내야 합니까?"
"북망산(北邙山) 밑에 천 무덤, 만 무덤이니라."

襄州萬銅山廣德和尚(第一世)。問如何是和尚家風。師曰。山前人不住山後更茫茫。問如何是透法身句。師曰。無力登山水茆戶絕知音。問如何是佛法大意。師曰。始嗟黃葉落又見柳條青。問盡大地是一箇死屍。向什麼處葬。師曰。北邙山下千丘萬丘。

대사가 병이 났는데 어떤 승려가 물었다.
"화상은 어디가 아프셔서 그다지도 몹시 여위셨습니까?"
대사가 말하였다.
"과녁에 맞지 않았다는 생각도 없다."
"그러면 화상의 병의 근원을 알겠습니다."
"그대는 내가 무슨 병을 앓는다고 하겠는가?"
"화상께서는 입을 조심하시는 것이 좋겠습니다."
대사가 곧 때렸다.

師因不安。僧問。和尚患箇什麽太羸瘦生。師曰。無思不墮的。曰恁麽即知和尚病源也。師曰。你道老僧患什麽。曰和尚忌口好。師便打。

 토끼뿔

ᖴ "어떤 것이 화상의 가풍입니까?" 했을 때

대원은 "유리궁궐 뜰에 돌사내 미소다." 하리라.

ᖴ "어떤 것이 법신을 꿰뚫는 구절입니까?" 했을 때

대원은 "구절이다." 하리라.

ᖴ "어떤 것이 불법의 대의입니까?" 했을 때

대원은 "앞산은 낮고 뒷산은 높다." 하리라.

ᖴ "온누리가 하나의 송장인데 어디에다 장사를 지내야 합니까?" 했을 때

대원은 "거기니라." 하리라.

영주(郢州) 파초(芭蕉) 화상

파초 화상에게 어떤 승려가 물었다.
"하루 종일 어떻게 마음을 써야 합니까?"
대사가 말하였다.
"한 목분이나 묶어라."

郢州芭蕉和尙。僧問。十二時中如何用心。師曰。攏摠一木盆。

 토끼뿔

"하루 종일 어떻게 마음을 써야 합니까?" 했을 때

대원은 "안팎 없는 그 자체로 행하라." 하리라.

정주(定州) 석장(石藏) 혜거(慧炬) 화상

혜거 화상에게 어떤 이가 물었다.
"어떤 것이 가람(伽藍)입니까?"
대사가 말하였다.
"다만 이것일 뿐이니라."
"어떤 것이 가람 안의 사람입니까?"
"무어라고, 무어라고?"
"갑자기 객이 오면 무엇으로 대접하십니까?"
"차나 마시고 가라."

定州石藏慧炬和尚。問如何是伽藍。師曰。只者箇。曰如何是伽藍中人。師曰。作麼作麼。曰忽遇客來將何祇待。師曰。喫茶去。

 토끼뿔

"어떤 것이 가람(伽藍)입니까?" 했을 때

대원은 "코뿔소니라." 하고

"어떤 것이 가람 안의 사람입니까?" 했을 때

대원은 "여읠 수 없다." 하리라.

앞의 낙경(洛京) 백마(白馬) 둔유(遁儒) 선사의 법손

홍화부(興化府) 청좌산(靑剉山) 화상

청좌산 화상에게 어떤 이가 물었다.
"어떤 것이 화상의 가풍입니까?"
대사가 말하였다.
"밑 없는 광주리에 나물을 캐 온다."

"어떤 것이 백마(白馬)의 경계입니까?"
"삼동(三冬)에 꽃나무가 아름답고, 한여름에 눈보라가 친다."

前洛京白馬遁儒禪師法嗣。興化府靑剉山和尚。問如何是和尚家風。師曰。無底籃子拾生菜。問如何是白馬境。師曰。三冬花木秀九夏雪霜飛。

 토끼뿔

"어떤 것이 화상의 가풍입니까?" 했을 때

　대원은 "때로는 문수와 산놀이하고, 때로는 보현과 일한 걸세."
하리라.

앞의 익주(益州) 북원(北院) 통(通) 선사의 법손

경조(京兆) 향성(香城) 화상

향성 화상이 처음에 통(通) 화상을 뵙고 물었다.
"하나와 두 개가 같을 때는 어떠합니까?"
통 화상이 말하였다.
"하나라 할 때 그대를 속인 것이다."
대사가 이 말에 깨달았다.

前益州北院通禪師法嗣。京兆香城和尚。初參通和尚。問一似兩箇時如何。通曰。一箇賺汝。師乃省悟。

어떤 승려가 물었다.

"삼광경색(三光景色)의 비추는 일도 사양할 때는 어떻습니까?"

대사가 말하였다.

"조읍봉(朝邑峯) 앞에 오색이 찬란하니라."

"문채에 관계되지 않는 일은 어떠합니까?"

"방금 강을 건너 온 뛰어난 바탕이라고나 할까…"

"모든 것을 초월했다는 것마저 세우지 않는 경지의 한 길을 스님께서 제창해 주십시오."

"낚싯줄을 당겨도 나오지 않는다."

"우두(牛頭)는 4조의 뜻을 알았습니까?"

"모래에 글을 쓰니 점들이 천자(千字)를 이룬다."

"점을 찍은 뒤에는 어떠합니까?"

"특별한 온통임을 취하여 인간과 천상에 나누어 준다."

僧問。三光景色謝照燭事如何。師曰。朝邑峯前卓五彩。曰不涉文采事作麼生。師曰。如今特地過江來。問向上一路請師舉唱。師曰。釣絲鉤不出。問牛頭還得四祖意否。師曰。沙書下[40]點落千字。曰下點後如何。師曰。別將一撮俵人天。

---

40) 下가 송, 원, 명나라본에는 不로 되어 있다.

"그러면 사람마다 자격이 있겠습니다."
"그대는 또 어떠한가?"

"주머니에는 개미를 묶을 실도 없고, 부엌에는 파리가 먹을 양식도 없을 때에는 어찌합니까?"
"날마다 베풀고도 구함이 없거늘 생각과 망상으로 얻겠는가?"

曰恁麼即人人有分也。師曰。汝又作麼生。問囊無繫螘之絲厨絕聚蠅之糝時如何。師曰。曰捨不求思從妄得。

 토끼뿔

○ "문채에 관계되지 않는 일은 어떠합니까?" 했을 때

대원은 "바람 앞에 낙엽은 요란하다." 하리라.

○ "모든 것을 초월했다는 것마저 세우지 않는 경지의 한 길을 스님께서 제창해 주십시오." 했을 때

대원은 "바로 이때다." 하리라.

○ "우두(牛頭)는 4조의 뜻을 알았습니까?" 했을 때

대원은 "알았다면 4조께서 긍정했겠는가?" 하리라.

∽ "주머니에는 개미를 묶을 실도 없고, 부엌에는 파리가 먹을 양식도 없을 때에는 어찌합니까?" 했을 때

대원은 "그대에게 두 방망이를 내리노라." 하리라.

앞의 고안(高安) 백수(白水) 본인(本仁) 선사의 법손

경조(京兆) 중운(重雲) 지휘(智暉) 선사

지휘 선사는 함진(咸秦) 사람으로 성은 고(高)씨이다. 총각일 때에 절에 다니기를 좋아하다가 출가를 맹세하니 아버지도 막지 못하였다.

처음 예법대로 규봉(圭峯) 온(溫) 화상에게 머리를 깎았고, 나중에는 고안 본인 화상에게 참문하여 미묘한 말을 혼자만이 터득하고, 비밀의 열쇠를 남몰래 얻었다.

前高安白水本仁禪師法嗣。京兆重雲智暉禪師。咸秦人也。姓高氏。總角之歲好遊佛宇。誓志出家。父不能止。禮圭峯溫和尚剃度。後謁高安仁和尚。獨領微言潛通祕鍵。

이어 낙양(洛陽)으로 가서 중탄(中灘)에 자리를 잡아 온실원(溫室院)을 창건하고 항상 약을 베풀었다.

이때에 어떤 비구가 백라(白癩)[41]에 걸려 대중이 모두 싫어하였다. 대사만이 데려다가 공양하게 하고 때를 씻어 주었는데, 잠시 신기한 광채와 이상한 향기가 있더니 곧 사라져서 간 곳을 몰랐다. 남아있던 상처의 딱지에서 그윽한 향취가 작열하니, 이를 모아서 관음상(觀音像)을 빚어 모셨다.

양(梁)의 개평(開平) 5년에는 홀연히 숲 속으로 돌아갈 생각이 나서 종남 규봉의 옛 터로 돌아갔다.

어느 날 대사가 바위 사이를 거닐다가 홀연히 누더기, 염주, 구리병, 방립 등이 있는 것을 보았는데 건드리자 곧 부서지니, 시자에게 말하였다.

"이것은 내 전생의 몸이 쓰던 도구이다. 여기에다 절을 지어 옛 인연에 맞게 하고자 한다."

尋迴洛。卜於中灘創溫室院。常施藥。有比丘患白癩眾惡之。惟師延迎供養與摩洗垢穢。斯須有神光異香。既而辭去遂失所在。所遺瘡痂馨香酷烈。遂聚而塑觀音像以藏之。梁開平五年忽思林泉。乃歸終南圭峯舊居。師一日閑步巖岫間。倏覩摩衲數珠銅瓶椶笠。觸之即壞。謂侍者曰。此吾前身道具耳。欲就茲建寺以醻昔因。

---

41) 백라(白癩) : 문둥병의 한 가지 유형.

그리하여 풀을 베고 터를 닦으니 상서로운 구름이 해를 가리고 봉우리 위에 서리어 오래도록 흩어지지 않으므로, 이 까닭에 중운산(重雲山)이라 불렀다. 이전에 이 골짜기에는 사나운 짐승이 많았는데 모두가 스스로 물러갔으며, 용의 못을 막아 길을 틀 때에는 못 속의 용도 딴 곳으로 이사를 갔다.

후당(後唐)의 명종(明宗)이 장흥(長興)이라는 편액을 하사하니, 배우는 무리가 구름같이 모여들었다.

대사가 법상에 오르니 어떤 승려가 물었다.
"어떤 것이 근원에 돌아가서 뜻을 얻은 것입니까?"
대사가 말하였다.
"일찍이 잊었더냐?"

"뜻밖에 티끌이 생길 때 어떤 것이 몸이 나아갈 외길입니까?"
"발밑에 이미 풀이 났고 앞에는 만 길의 구덩이니라."

當薙草開基有祥雲蔽日。屯於峯頂久而不散。因目為重雲山。先是谷多猛獸皆自引去。及塞龍潭以通徑。潭中龍亦徙他所。後唐明宗賜額曰長興。學侶臻萃。師上堂有僧問。如何是歸根得旨。師曰。早是忘却。問不意塵生如何是進身一路。師曰。足下已生草前程萬丈坑。

"요긴한 길이 평탄한데 어떻게 밟아 가리까?"
"내가 만일 그대에게 가리켜 주자면 동서남북이니라."

"부처님께서 세상에 나시기 전에는 어떠합니까?"
"한 무더기의 진흙이니라."

"어떤 것이 중운(重雲)이라 하는 것입니까?"
"천하 사람이 따져 묻는 데에 맡긴다."

"어떤 것이 쇠를 끊을 만한 말입니까?"
"죽을지언정 범하지 않는다."

"어떤 것이 중운의 경계입니까?"
"사시사철 꽃이 피지 않고, 삼동에도 풀이 무성하다."

問要路坦然如何履踐。師曰。我若指汝則南北東西去也。問佛未出世時如何。師曰。一堆泥土。問如何是重雲稱。師曰。任將天下勘。問如何是截鐵之言。師曰。寧死不犯。問如何是重雲境。師曰。四時不開花三冬盛芳草。

대사가 다시 옛 산으로 돌아가서 절을 짓고 대중을 모아 45년 동안 교화하면서 여가에 노래 천여 송을 짓고, 제자 천오백 사람을 제도하였다. 영흥(永興) 절도사(節度使) 왕언초(王彦超)가 일찍부터 대사의 문호에 왕래하다가 승려가 되기를 원하니, 대사가 만류하면서 말하였다.

"그대는 나중에 출세하리니, 그때에 불교를 외호(外護)하면 좋겠다."

나중에 과연 대사의 말과 같이 되어 영흥을 맡게 되자, 다시 대사와 만나 더욱 융성히 예우하였다.

주(周)의 현덕(顯德) 3년 병진(丙辰) 6월에 대사는 고을에 가서 왕공을 하직하고 겸하여 산문(山門)의 일을 부촉하더니, 7월 24일이 되자 아무런 병 없이 문인들에게 유언을 하고는 아울러 보이고 게송 하나를 말하였다.

師再歸故山創寺聚徒。涉四十五年。誨人之暇撰歌頌千餘首。度弟子一千五百人。永興節度使王彦超早遊師戶庭。嘗欲披緇。師止之曰。汝當後[42] 榮顯。爲教門外護則可矣。厥後果如師言。及鎭永興與師再會益加尊禮。周顯德三年丙辰夏六月。師詣府辭王公屬以山門事。至七月二十四日體中無恙。垂誠門人併示一偈曰。

---

42) 當後가 송, 원나라본에는 後當으로 되어 있다.

나에게 집 한 채가 있는데
부모가 지붕을 덮어 주었네
80년 동안을 왕래하노라니
요사이 차츰 망가져 가는 것을 알았네

진작부터 딴 곳으로 가려 했으나
겪는 일에 밉고 고움이 있었네
그가 무너질 때가 되었으나
피차 서로 걸림이 없다네

我有一間舍
父母為修蓋
住來八十年
近來覺損壞
早擬移他[43]處
事涉有憎愛
待他摧毀時
彼此無相礙

---

43) 他가 송. 원나라본에는 住로 되어 있다.

그리고는 가부좌를 맺고 앉아서 입멸하니, 수명은 84세이고, 법랍은 64세였다. 탑은 본산에 세웠다.

跏趺而逝。壽八十有四。臘六十四。塔於本。

 토끼뿔

༄ "어떤 것이 근원에 돌아가서 뜻을 얻은 것입니까?" 했을 때

대원은 한 대 때리고 "얻었다 하겠는가, 잃었다 하겠는가?" 하리라.

༄ "뜻밖에 티끌이 생길 때 어떤 것이 몸이 나아갈 외길입니까?" 했을 때

대원은 "생긴 곳이다." 하리라.

༄ "요긴한 길이 평탄한데 어떻게 밟아 가리까?" 했을 때

대원은 "이렇게 하라." 하리라.

༄ "부처님께서 세상에 나시기 전에는 어떠합니까?" 했을 때

대원은 말없이 있다가 "이렇느니라." 하고 "험." 했을 것이다.

༄ "어떤 것이 쇠를 끊을 만한 말입니까?" 했을 때

대원은 "이렇다."라는 말과 동시에 한 방망이 먹였을 것이다.

항주(杭州) 서룡원(瑞龍院) 유장(幼璋) 선사

유장 선사는 당(唐)의 상국(相國)인 하후자(夏侯孜)의 조카였다. 대중(大中) 초에 백부가 사공(司空)으로서 광릉(廣陵)을 지키러 나갔을 때 대사의 나이 일곱 살이었는데, 혜조사(慧照寺)에 갔다가 법화경 읽는 소리를 듣고 출가할 뜻을 내었다.

처음에는 백부가 허락하지 않았으나 음식을 끊자 마지못해 허락하였다. 혜원(慧遠)을 스승으로 하여 17세에 구족계를 받고, 25세에 여러 선원으로 다니다가 서산(薯山)과 백수(白水)에게 모두 심결(心訣)을 받았는데, 두 종장(宗匠)이 깊은 그릇으로 여겼다.

함통(咸通) 13년에 강릉(江陵)에 가서 등등(騰騰) 화상을 만나니, 천태산에 가서 정(靜)을 찾아서 머물고, 안(安)을 만나면 살라고 예언하였다.

杭州瑞龍院幼璋禪師。唐相國夏侯孜之猶子也。大中初伯父司空出鎭廣陵。師方七歲遊慧照寺。聞誦蓮經志求出家。伯父初不允。因絕不飲食。不得已而許之。禮慧遠為師。十七具戒。二十五遊諸禪會。薯山白水咸受心訣。二宗匠深器之。咸通十三年至江陵。會騰騰和尚囑之曰。汝往天台尋靜而棲遇安即止。

또 감감(憨憨) 화상을 만나니, 어루만지면서 수기하기를 '그대가 앞으로 40년을 지나면 건자봉(巾子峯) 밑의 보살이 강남(江南)에서 왕이 되리니, 그때가 되면 나의 도가 크게 번창하리라.'라고 하였다.

이와 같이 두 일사(逸士)가 모두 비밀한 예언을 해주기에 곧 천태산으로 가서 정안현(靜安縣)에다 복당원(福堂院)을 창설하니, 등등 화상의 말이 맞았다.

또 대중이 청하여 은룡원(隱龍院)에 사는데, 중화(中和) 4년에 절동(浙東) 지방에 흉년과 질병이 돌았다. 대사가 온주(溫州), 태주(台州), 명주(明州) 세 고을에서 병으로 죽은 시체 수천을 거두어 주니, 사람들이 비증(悲增) 대사라 불렀다.

건령(乾寧) 때에 설봉 화상이 지나다가 종려(椶櫚)로 된 불자(拂子)를 대사에게 주고 갔다.

又値憨憨和尚撫而記曰。汝却後四十年。有巾子峯下菩薩王於江南。當此時吾道昌矣。二逸士各有密言授之。尋抵天台山於靜安鄕創福堂院。乃契騰騰之言。又眾請住隱龍院。中和四年浙東飢疫。師於溫台明三郡。收瘞遺骸數千。時謂悲增大士。乾寧中雪峯和尚經遊。遺師椶櫚拂子而去。

천우(天祐) 3년에 전상부(錢尙父)가 동자를 시켜 의복과 약품을 산으로 보내어 법문을 청하므로 대사가 무리들을 거느리고 고을에 들어가자, 지덕 대사(志德大師)란 호를 올리고 공신당(功臣堂)에 머무르게 한 뒤에 날마다 법문을 청하였다.

대사는 해마다 금광명(金光明) 도량을 건립하니, 여러 고을의 승속이 많이 모여 한 달을 지내고 헤어졌다.[44]

대사가 하직하고 산으로 돌아가려 하니, 왕이 더욱 흠모하여 고을 안에다 서룡원을 세우고 맞이하여 법문을 열었다. 이때에 선문이 매우 번성했으니, 이는 감감 화상의 예언이 맞은 것이었다.

대사가 법상에 올라 대중에게 말하였다.
"내가 여러 해를 강외(江外)와 영남(嶺南)과 형호(荊湖)로 다니면서 선지식이 있는 곳은 가 보지 않은 곳이 없다.

天祐三年錢尙父遣使童建齋衣服香藥入山致請。師領徒至府庭。署志德大師。就功臣堂安置。日請說法要。師請於每年[45]建金光明道場。諸郡黑白大會。逾月而散(天台光明大會始於師也)。師將辭歸山。王加戀慕。於府城建瑞龍院(文穆王改為寶山院)。延請開法。時禪門興盛。斯則憨憨懸記應。師上堂謂眾曰。老僧頃年遊歷江外嶺南荊湖。但有知識叢林無不參問來。

---

44) 천태광명대회가 대사에게서 시작되었다. (원주)
45) 於每年이 송, 원나라본에는 每年於天台山으로 되어 있다.

그런데 오늘의 여러분을 위해 이야기를 간추리자면 모두가 갈 곳을 알라고 하였을 뿐이다. 그리하여 제방에서 다른 이야기가 없고, 오직 본인으로 하여금 미친 마음을 쉬게 하니 딴 곳에서 찾지 말라. 그저 곳에 따라 맡기어야 참된 것이라고 하지만 맡기어 참될 것도 없고, 때에 따라 수용하라지만 또한 수용할 때도 없다. 자비를 베풀어 입이 쓰도록 말하고 낮이 밤이 되도록 부르짖어도 아니다. 또 방편을 넉넉히 잘 쓴다 하더라도 동쪽을 서쪽이라 하지도 못할 것이며, 설사 그대가 해탈했다 하더라도 그것은 도깨비의 신통이라 나와는 관계가 없다.

만일 말이나 배우는 무리들이라면, 자기를 살피어 허물을 알려고는 하지 않고 바로 허공 속에서 꽃을 꺾고 물속에서 달을 건지려하니, 마음의 힘을 쓴들 얻을 수 있겠는가? 그대들 모두가 물러서서 생각하라. 홀연히 긍정하게 되면 이로써 늙은 서룡(瑞龍)이 어쩔 수 없어서 퍽 애쓴 줄을 알리라. 긍정하는가?"

蓋為今日與諸人聚話。各要知箇去處。然諸方終無異說。只教當人歇却狂心休從他覓。但隨方任真亦無真可任。隨時受用亦無時可用。設垂慈苦口。且不可呼晝作夜。更饒善巧。終不能指東為西。脫或能爾。自是神通作怪非干我事。若是學語之輩不自省己知非。直欲向空裏采花波中取月。還著得心力麼。汝今各且退思。忽然肯去。始知瑞龍老漢事不獲已迂迴太甚。還肯麼。

어떤이가 물었다.
"어떤 것이 서룡의 경지입니까?"
대사가 말하였다.
"그대에게 말하니 보지 못했는가?"
"어떤 것이 경지 속의 사람입니까?"
"후학이 두렵다."
"가없이 이러-히 구름 한 점 없는데, 어떤 것이 한가위의 달입니까?"
"구름 한 점 없으니 가장 좋구나."
"그러면 달하나 높이 떠서 모든 나라가 같이 보겠군요."
"눈을 비비어 헛것을 보는 이와는 이야기할 수 없다."

천성(天成) 2년 정해(丁亥) 4월에 대사가 무덤과 탑을 세워 달라 하였다. 상부(尙父)가 육인장(陸仁璋)에게 분부하여 관서(關西)에다 땅을 골라 탑과 절을 창건한 뒤에 이름을 지어 주고 승려를 두어 지키게 하였다.

問如何是瑞龍境。師曰。汝道不見得麼。曰如何是境中人。師曰。後生可畏。問廓然無雲如何是中秋月。師曰。最好是無雲。曰恁麼即一輪高掛萬國同觀去也。師曰。捏目之子難與言。至。天成二年丁亥夏四月師乞墳塔。尚父命陸仁璋於西關選地。建塔創院。賜名額。令僧守護。

이어 천태의 은룡을 은적(隱跡)이라 고쳤다. 탑 세우는 일이 끝나자 대사가 고을 관가에 들어가서 상부에 하직하고는 불법을 지키는 일과 백성을 돌보는 일을 부촉한 뒤에 기한이 되어 입적하였다.

상부가 슬피 여겨 승려를 보내 고을 안의 덕이 있는 노인들을 모두 모이게 하여 탑으로 모시니, 수명은 87세이고, 법랍은 70세였다.

仍改天台隱龍為隱跡。修塔畢。師入府庭辭尚父。囑以護法恤民之事。剋期順寂。尚父悲悼。遣僧主集在城宿德迎引入塔。壽八十有七。臘七十。

토끼뿔

"어떤 것이 경지 속의 사람입니까?"했을 때

대원은 할을 했을 것이다.

앞의 무주(撫州) 소산(疎山) 광인(匡仁) 선사의 법손

소산(疎山) 증(證) 선사(제2세 주지)

증(證) 선사가 처음에 광인 화상을 만나 불법을 깨닫고, 제방으로 다니다가 투자(投子) 대동(大同) 선사를 뵈니, 투자가 물었다.
"요새 어디서 떠났는가?"
대사가 말하였다.
"연평(延平)에서 왔습니다."
"검(劍)을 가지고 왔는가?"
"가지고 왔습니다."

前撫州疎山匡仁禪師法嗣。疎山證禪師(第二世)。初參仁和尚得旨。後遊歷諸方。謁投子同禪師。投子問曰。近離甚處。曰延平來。投子曰。還將得劍來麼。曰將得來。

투자가 말하였다.

"내게 바쳐 봐라."

대사가 눈앞의 땅을 가리키니, 투자는 그만두었고, 대사는 떠나 버렸다.

3일 뒤에 투자가 일 보는 승려에게 물었다.

"엊그제 새로 온 승려가 어디에 있는가?"

"그날로 떠났습니다."

투자가 말하였다.

"30년 동안 말 타는 재주를 배웠으나 어제 당나귀에게 밟혔다."

대사가 주지가 된 뒤에 어떤 승려가 물었다.

"어찌해야 일을 배워 마치겠습니까?"

대사가 말하였다.

"옷 입고 마당이나 쓸어라."

"어찌해야 이치를 배워 마치겠습니까?"

"소를 타고 더러움에서 떠나라."

投子曰。呈似老僧看。師乃指面前地上。投子便休。師遂去。三日後投子問主事。新到僧在什麼處。曰當時去也。投子曰。三十年學馬伎昨日被驢撲。師住後僧問。如何是就事學。師曰。著衣掃地。曰如何是就理學。師曰。騎牛去穢。

"모든 것을 초월했다는 것마저 세우지 않는 경지의 일은 어찌합니까?"
"광대해서 거두어들일 수 없다."

"어떤 것이 빛과 소리 속에서 나뉘지 않는 한 구절입니까?"
"판단하려는 것을 없애지 않는 한 미치지 못한다."
"어떤 것이 빛과 소리 외에 따로이 행하는 한 구절입니까?"
"만나려 하면 어려워서 얻을 수 없다."

曰向上事如何。師曰。溥際不收。問如何是聲色中混融一句。師曰。不辨消不及。曰如何是聲色外別行一句。師曰。難逢不可得。

 토끼뿔

"어떤 것이 빛과 소리 속에서 나뉘지 않는 한 구절입니까?" 했을 때

대원은 "온통 그 자체인 데에서 응하라." 하리라.

홍주(洪州) 백장(百丈) 안(安) 화상(제10세)

안(安) 화상의 호는 명조(明照) 선사이다.
어떤 이가 물었다.
"온통 두렷한 광명을 간직한 몸이 어떠합니까?"
대사가 말하였다.
"그대가 멀리 오느라 수고했다."
"이것이 온통 두렷한 광명을 간직한 곳이 아닙니까?"
"차나 한잔 더 마셔라."

"어떤 것이 화상의 가풍입니까?"
"수건은 한 치 반의 헝겊이니라."

"만 가지 법이 하나로 돌아가는데, 하나는 어디로 돌아갑니까?"
"한 개도 묻지 않는 것이 없구나."

洪州百丈安和尙號明照禪師(第十世)。問一藏圓光如何是體。師曰。勞汝遠來。曰莫是一藏圓光麽。師曰。更喫一碗茶。問如何是和尙家風。師曰。手巾寸半布。問萬法歸一一歸何處。師曰。未有一箇不問。

"어떤 것이 극칙[46]의 일입니까?"

"공왕전(空王殿)[47] 위라 해도 아홉에 다섯이지만 촌 늙은이의 문 앞에서는 사람도 존립하지 않는다."

"인연을 따라 알 때는 어떠합니까?"

"알기 전에는 어떠하였는가?"

대사는 본래 신라 사람이었는데, 백장산(百丈山)에서 무리를 거느리기 시작한 뒤로 제도한 제자인 도긍(道亘) 등 7인이 제각기 이어받은 바에 따라 한 지방에서 교화를 폈다. 대사가 입적한 뒤에 문인들이 초상을 그리니, 법안(法眼)이 찬(讚)을 붙였다.

問如何是極則事。師曰。空王殿上登九五。野老門前不立人。問隨緣認得時如何。師曰。未認得時作麼生。師本新羅國人。自百丈統眾所度弟子。道亘等凡七人。各從參嗣斂化一方。師滅後門人寫影。法眼讚曰。

---

46) 극칙 : 궁극의 진리.
47) 공왕전(空王殿) : 공겁(空劫)에 출현하신 공왕불(空王佛)이 계시는 전당.

눈으로 대해서 누가 그렸다 하랴
푸른 못에 해와 달일세
수미산에 둥그렇게 떠있음을
수미산서 가리키는
온통인 달 빼어남이랄까
명조(明照) 선사여
어찌 해가 방위를 어기랴
티끌만한 처소도 가리킬 것 없는데
대비(大悲)인들 어찌 일으켰다 하랴
나는 현묘한 공덕이라 이르니
어찌 이것을 옳으니 그르니 하랴

對目誰寫蟾輝

碧池日面月面

輪圓須彌

須彌一指

月面豪芒

明照禪師 詎日違方

方塵不指 大悲何起

我謂玄功

胡是非是

 토끼뿔

"어떤 것이 극칙의 일입니까?" 했을 때

대원은 정강이를 한 번 찼을 것이다.
"험."

균주(筠州) 황벽산(黃檗山) 혜(慧) 선사

혜(慧) 선사는 낙양(洛陽) 사람이다. 어려서 출가하여 경론을 익히는 것으로 업을 삼다가 보살계(菩薩戒)를 다시 받으면서 한탄하였다.

"대사(大士)의 섭률의계(攝律儀戒)[48]나 내가 본래 받은 성문계(聲聞戒)[49]는 모두가 지킬 것과 범한 것을 알게 하는 것이다. 그러나 계율 조목에 증감이 있고, 근본과 곁가지에 같고 다름이 있으며 제정한 뜻도 다르구나. 이미 미세하여 지키기 어렵고, 또 선(善)을 행하는 가운데서도 조금도 직접 체험하지 못하니, 하물며 유정(有情)을 이롭게 하겠는가? 더욱이 세간은 거품 같은데, 환신의 목숨이나 아껴서 무엇 하랴."

筠州黃檗山慧禪師。洛陽人也。少出家。業經論學。因增受菩薩戒而歎曰。大士攝律儀與吾本受聲聞戒。俱止持作犯也。然於篇聚增減。支本通別制意且殊。既微細難防。復於攝善中未嘗行於少分。況饒益有情乎。且世間泡幻身命何可留戀哉。

---

48) 섭률의계(攝律儀戒) : 대소승 일체의 경률을 포함하는 계.
49) 성문계(聲聞戒) : 소승이 지키는 계.

이로부터 강의를 그만두고 물에 몸을 던져 물고기들이나 먹게 하겠다고 생각하고 곧 행동에 옮기려는데, 때마침 두 선객이 보고 간곡히 만류하면서 남방에는 선지식이 많은데 스님은 왜 한 곳에 머물러 있느냐고 하였다. 이에 대사가 뜻을 돌려 찾아가려 하였는데, 나룻터 관문 법규가 엄하므로 수리(守吏)에게 말하였다.

"나는 산수를 구경하려는 것이 아니요, 불조의 도를 구하기 서원해서이니 다음 날 이 은혜를 잊지 않으리다."

수리가 그의 뜻을 살펴 알고 끝내 만류하지 않고 도리어 이렇게 말하였다.

"스님께서 이미 법을 위해 몸을 잊으셨다니, 돌아오실 때에는 들은 것을 아끼지 말아 주십시오."

대사가 기꺼이 사례하고 바로 소산(疎山)으로 가니, 마침 광인 화상이 법상에 앉아서 대중의 참문(參問)을 받고 있었다. 대사는 먼저 대중을 둘러본 뒤에 물었다.

由是置講課。欲以身捐於水中飼鱗甲之類。念已將行偶二禪者接之款話。謂南方頗多知識。師何滯於一隅也。師從此回意參尋。屬關津嚴緊。乃謂守吏曰。吾非翫山水。誓求祖道。他日必不忘恩也。守者察其志遂不苟留。且謂之曰。師既爲法忘軀。回時願無各所聞。師欣謝。直造疎山。時仁和尚坐法堂受參。師先顧視大眾然後致問曰。

"찰나 사이에 떠나 버렸을 때는 어떻습니까?"

소산이 말하였다.

"허공에 가득 찼는데 그대는 어디를 가려는가?"

"허공에 가득 찼다 하면 갈 수 없는 것과도 같지 않습니까?"

소산이 그만두었다.

대사가 법당에서 내려와 제1좌를 만나니, 제1좌가 말하였다.

"아까 좌주께서 화상의 법어에 대꾸하는 것을 보니 퍽 특이하더군요."

대사가 말하였다.

"그것은 갑자기 나온 것입니다. 진실로 우연한 것이니 바라건대 자비를 베푸시어 저의 어리석음을 열어 보여 주십시오."

제1좌가 다시 말하였다.

"일 찰나 사이인들 헤아림이 있겠습니까?"

대사가 그 말에 단박에 깨달아 절하고 사례하였다. 찻방으로 물러나와 슬픔과 기쁨이 엇갈린 채 이러-히 3일을 지냈다.

刹那便去時如何。疎山曰。冨塞虛空。汝作麼生去。師曰。冨塞虛空不如不去。疎山便休。師下堂參第一座。第一座曰。適觀座主祇對和尚語甚奇特。師曰。此乃率爾實自偶然。敢望慈悲開示愚迷。座曰。一刹那間還有擬議否。師於言下頓省禮謝。退於茶堂悲喜交盈。如是三日。

그리고는 황벽산에 가서 대중을 모으고 법문을 열었다.[50)
본산(本山)에 가서 임종하니, 아직도 탑 안에 안치된 전신이 살아있는 것 같다.

尋住黃檗山聚眾開法(第二世住)。終於本山。今塔中全身如生。

---

50) 제2세 주지. (원주)

🐇 토끼뿔

"일 찰나 사이인들 헤아림이 있겠습니까?" 했을 때

대원은 크게 웃으며 "열십자는 두 획이다." 하리라.

수주(隨州) 수성산(隨城山) 호국원(護國院) 수징(守澄)
정과(淨果) 대사

정과 대사에게 어떤 이가 물었다.
"어떤 것이 부처입니까?"
대사가 말하였다.
"이 당나귀 같은 놈아."

"온 세상이 외눈〔一隻眼〕인 사람이 오면 스님은 어찌하시겠습니까?"
"이 계단 밑의 놈아."

"모든 부처님들도 이르지 못한 곳을 누가 밟습니까?"
"늘어진 귀에 더벅머리이니라."

隨州隨城山護國院守澄淨果大師。問如何是佛。師曰。者驢漢。問盡大地是一隻眼底人來師如何。師曰。堦下漢。問諸佛不倒處什麼人履踐。師曰。耼耳髯頭。

"어떤 사람이 그 가운데서 믿어 통달하겠습니까?"
"당나귀 얼굴에 짐승 뺨이니라."

"인연 따라 알 때에는 어떠합니까?"
"틀렸다."

"어떤 것이 서쪽에서 오신 뜻입니까?"
"한 사람이 헛되이 전한 것을 만 사람이 실제인양 전한다."

"간장(干將)[51]의 손에 들기 전에는 어떤 것이 태아(太阿)[52]입니까?"
"일곱 별의 빛이 찬란하니 여섯 나라의 연기가 끊겼다."

曰何人通得彼中信。師曰。驢面獸顋。問隨緣認得時如何。師曰。錯。問如何是西來意。師曰。一人傳虛萬人傳實。問不落干將手如何是太阿。師曰。七星光釆耀六國罷煙塵。

---

51) 간장(干將) : 중국 춘추 시대에 칼을 잘 만들던 오나라 장인의 이름.
52) 태아(太阿) : 중국 초나라 보검(寶劍)의 하나.

 토끼뿔

"모든 부처님들도 이르지 못한 곳을 누가 밟습니까?" 했을 때

대원은 "개의 소리보다는 소의 소리가 덕이 있다 한다." 하리라.

낙경(洛京) 장수(長水) 영천(靈泉) 귀인(歸仁) 선사

귀인 선사에게 어떤 이가 물었다.
"어떤 것이 조사의 뜻입니까?"
대사가 말하였다.
"얼굴을 들어 홀로 눈썹을 껌벅이고, 고개를 돌려 스스로 손뼉을 친다."

"어떤 것이 조사께서 서쪽에서 오신 분명한 뜻입니까?"
"낙수(洛水)가 거슬러서 흐른다."

"어떤 것이 화상의 가풍입니까?"
"소를 탈 때는 자리를 깔고 모자를 쓰며, 물을 건널 때는 목이 긴 신에 적삼만 입는다."

洛京長水靈泉歸仁禪師。問如何是祖師意。師曰。仰面獨揚眉回頭自拍手。問如何是祖師西來的的意。師曰。洛河水逆流。問如何是和尚家風。師曰。騎牛戴席帽過水著靴衫。

토끼뿔

"어떤 것이 조사의 뜻입니까?" 했을 때

대원은 "막 뜨는 해는 달 같다." 하리라.

연주(延州) 복룡산(伏龍山) 연경원(延慶院) 봉린(奉璘) 선사

봉린 선사에게 어떤 이가 물었다.
"어떤 것이 화상의 가풍입니까?"
대사가 말하였다.
"몸을 옆으로 하여 바다에 눕고, 한낮에 등불을 들었다."

"어떤 것이 복룡의 경계입니까?"
"산이 높으니 물살이 세고, 봄이 무르익으니 아름다운 꽃이 만발한다."

"화상께서도 재물과 색을 좋아하십니까?"
"좋아한다."

延州伏龍山延慶院奉璘禪師。問如何是和尚家風。師曰。橫身臥海。日裏挑燈。問如何是伏龍境。師曰。山峻水流急三春足異花。問和尚還愛財色也無。師曰。愛。

"선지식이면서도 어찌 재물과 색을 좋아하십니까?"
"은혜를 아는 이는 적고 은혜를 저버리는 이는 많구나."

대사가 화두(火頭)[53]에게 물었다.
"불을 피웠는가?"
"조용히 하십시오."
"어디서 그런 소식을 얻어왔는가?"
"여러 말이 필요하지 않습니다."
"돈을 주고 배를 채우려 했는데 먹고 나니 도리어 시장하구나."

"어떤 것이 화상의 가풍입니까?"
"한 해 동안 찬밥을 먹는다."
"퍽이나 적막하셨겠군요."
"중의 집은 의당 그렇다."

曰既是善知識。爲什麼却愛財色。師曰。知恩者少負恩者多。師問火頭。培火了未。曰低聲。師曰。什麼處得者消息來。曰不假多言。師曰。省錢易飽喫了還饑。問如何是和尙家風。師曰。長薑冷飯。曰又太寂寞生。師曰。僧家合如是。

---

53) 화두(火頭) : 절에서 불을 때서 밥을 짓는 사람.

 토끼뿔

 "선지식이면서도 어찌 재물과 색을 좋아하십니까?" 했을 때

 대원은 "색으로는 무량수전을 장엄하고, 재물로는 백성들을 즐겁게 한다." 하리라.

안주(安州) 대안산(大安山) 성(省) 선사(제3세)

성(省) 선사에게 어떤 이가 물었다.
"길을 잃은 미혹한 사람입니다. 스님께서 가리켜 주십시오."
대사가 말하였다.
"삼문(三門) 앞으로 가라."

"걸음마다 위태로우니 스님께서 달을 가리켜 주십시오."
"달은 가리키는 것이 아니다."
"어째서 달은 가리키는 것이 아닙니까?"
"구렁텅이에 임했을 때 사람을 밀지 않는다."

"사구(四句)도 떠나고 백비(百非)도 끊어진 도리를 화상께서 말씀해 주십시오."
"우리 대왕의 창고 안에는 그런 칼이 없다."

安州大安山省禪師(第三世)。問失路迷人請師直指。師曰。三門前去。問舉步臨危請師指月。師曰。不指月。曰為什麼不指月。師曰。臨坑不推人。問離四句絕百非請和尚道。師曰。我王庫內無如是刀。

"겹겹이 막힌 곳이라 소식이 통하지 않을 때에는 어떠합니까?"
"어찌 그 속에 이르렀는가?"
"이른 뒤에는 어찌합니까?"
"그 가운데 일은 어떻던가?"

"어떤 것이 진실 중의 진실입니까?"
"네거리의 진흙 불상이니라."

問重重關鎖信息不通時如何。師曰。爭得到者裏。曰到後如何。師曰。彼中事作麼生。問如何是真中真。師曰。十字路頭泥佛子。

토끼뿔

∽ "길을 잃은 미혹한 사람입니다. 스님께서 가리켜 주십시오." 했을 때

대원은 "박꽃은 희고 장미는 붉다." 하리라.

∽ "걸음마다 위태로우니 스님께서 달을 가리켜 주십시오." 했을 때

대원은 "간밤에 내린 눈이 한 자에 이른다." 하리라.

∽ "사구(四句)도 떠나고 백비(百非)도 끊어진 도리를 화상께서 말씀해 주십시오." 했을 때

대원은 "거기는 그런 말도 당초에 쓰일 일이 없다." 하리라.

⏵ "겹겹이 막힌 곳에 소식이 통하지 않을 때에는 어떠합니까?"
했을 때

대원은 "사리야." 하리라.

홍주(洪州) 대웅산(大雄山) 백장(百丈) 초(超) 선사

초(超) 선사는 해동(海東) 사람이다. 어떤 이가 물었다.
"조사의 뜻과 교리의 뜻이 같습니까, 다릅니까?"
대사가 말하였다.
"금닭과 옥토끼가 수미산을 돌고 있다고 들었다."

"해가 서산에 떨어지면 숲 속의 일이 어떠합니까?"
"깊은 골 해질 무렵 구름이 피어나고, 산골짜기 구비마다 물 흐름 느리다."

어떤 승려가 하직하면서 물었다.
"오늘 산을 내려가는데 어떤 사람이 화상께서 어떤 법을 말씀하시더냐고 물으면 무엇이라고 대답하리까?"
"그저 대웅산 위에 범이 사자를 낳았다 해라."

洪州大雄山百丈超禪師。海東人也。問祖意與教意同別。師曰。金鷄玉兎聽繞須彌。問日落西山去林中事若何。師曰。洞深雲出晚。澗曲水流遲。僧辭問曰。今日下山有人問和尚說什麼法。向他道什麼。師曰。但向他道。大雄山上虎生師子兒。

 토끼뿔

"해가 서산에 떨어지면 숲속의 일이 어떠합니까?" 했을 때

대원은 "험." 하리라.

홍주(洪州) 천왕원(天王院) 화상

천왕원 화상에게 어떤 이가 물었다.
"나라 안에서 칼을 잡은 이는 누구입니까?"
대사가 말하였다.
"천왕(天王)이니라."

"백 개의 뼈는 모두 흩어져도 한 물건은 영구히 신령스럽다 하니 어떤 것입니까?"
"떨어지지도 않고 무너지지도 않는다."

"어떤 것이 부처입니까?"
"틀렸다."

洪州天王院和尚。問國內按劍者是誰。師曰。天王。問百骸俱潰散一物鎭長靈如何。師曰。不墮無壞爛。問如何是佛。師曰。錯。

 토끼뿔

"백 개의 뼈는 모두 흩어져도 한 물건은 영구히 신령스럽다 하니 어떤 것입니까?" 했을 때

대원은 "뼈다귀다." 하리라.

상주(常州) 정근원(正勤院) 온(蘊) 선사(제1세)

온(蘊) 선사는 위부(魏府) 사람으로 성은 한(韓)씨이다. 어려서 출가하여 늙도록 동자의 얼굴을 지녔고 소산에게 법을 얻었다.

어떤 이가 물었다.

"스님은 누구의 곡조를 부르시며, 종풍은 누구의 뒤를 이으셨습니까?"

대사가 말하였다.

"당연히 순임금이 만든 곡조 밖이어서 여섯 음률로는 다다르지 못한다."

"초월하지 못하는 일이 어떠합니까?"

"소리 이전이어서 손뼉을 쳐서 흩어지게 할 수도 없고, 구절 뒤여서 찾아도 자취가 없다."

常州正勤院蘊禪師(第一世)。魏府人也。姓韓氏。幼而出家。老有童顏。得法於疎山之室。問師唱誰家曲宗風嗣阿誰[54]。師曰。適然簫韶外六律不能過。曰不過底事作麼生。師曰。聲前拍不散句後覓無蹤。

---

54) 嗣阿誰가 송, 원나라본에는 事若何로 되어 있다.

"어떤 것이 정근(正勤)의 한 줄기 길입니까?"
"진흙의 깊이가 석 자이다."
"어찌하여야 이를 수 있습니까?"
"그대는 어느 곳으로부터 왔는가?"

"어떤 것이 선(禪)입니까?"
"돌 속의 연꽃이요, 불 속의 샘이니라."
"어떤 것이 도입니까?"
"능가봉 정상의 한 포기 풀이니라."
"선과 도의 거리는 얼마나 됩니까?"
"진흙 사람이 물에 빠진 것을 나무 사람이 건져준다."

대사가 진(晋)의 천복(天福) 때 입적할 시기를 대중에게 미리 알렸는데, 때가 되니 온 고을의 남녀들이 절로 달려왔다.

問如何是正勤一條路。師曰。泥深三尺。曰如何得到。師曰。闍黎從什麼處來。問如何是禪。師曰。石裏蓮華火裏泉。曰如何是道。師曰。楞伽峯頂一莖草。曰禪道相去多少。師曰。泥人落水木人撈。師晉天福中將順寂。預告大眾。及期合城士女奔走至院。

대사가 유언을 마친 뒤에 태연히 앉아서 임종하니, 문인들이 절 뒤에다 장사를 지냈다. 2년을 지나 다시 탑을 열어보니, 온몸이 그대로였고 머리칼과 손톱이 자라고 있었다. 성동(城東)에서 화장하여 사리와 뼈를 거두어 탑을 다시 세웠다.

　師囑付訖。怡然坐化。門人葬於院後。經二稔發塔覩全身儼然。髮爪俱長。乃於城東闍維。收舍利真骨重建塔。

 토끼뿔

◌ "초월하지 못하는 일이 어떠합니까?" 했을 때

대원은 "답을 외쳐 묻는 천치니라." 하리라.

◌ "어떤 것이 정근(正勤)의 한 줄기 길입니까?" 했을 때

대원은 "점심 공양이 무엇이었던고?" 하고

"어찌하여야 이를 수 있습니까?" 했을 때

대원은 "어디서 묻는고?" 하리라.

∽ "어떤 것이 선(禪)입니까?" 했을 때

대원은 "바로 이렇느니라." 하고

"어떤 것이 도입니까?" 했을 때

대원은 "금닭이 정오를 소리쳐 알린다." 하리라.

양주(襄州) 후동산(後洞山) 화상

후동산 화상에게 어떤 이가 물었다.
"도가 있을 때나, 또는 없을 때에는 어떠합니까?"
대사가 말하였다.
"용두사미(龍頭蛇尾)여, 온통 검뿐이구나."

襄州後洞山和尚。問道有又無時如何。師曰。龍頭蛇尾。腰間一劍。

 토끼뿔

"도가 있을 때나, 또는 없을 때에는 어떠합니까?" 했을 때

대원은 "잘 읽고 판단하라."라는 말과 동시에 정강이를 걷어찼을 것이다.

경조(京兆) 삼상(三相) 화상

삼상 화상에게 어떤 이가 물었다.
"어떤 것이 무봉탑(無縫塔)입니까?"
대사가 말하였다.
"꿰맨 것을 찾을 수 없다."
"어떤 것이 탑 속의 사람입니까?"
"마주 대하고도 보지 못하는구나."

京兆三相和尚。問如何是無縫塔。師曰。覓縫不得。曰如何是塔中人。師曰。對面不得見。

 토끼뿔

"어떤 것이 무봉탑(無縫塔)입니까?" 했을 때

대원은 "탑." 하리라.

앞의 낙보(樂普) 원안(元安) 선사의 법손

경조(京兆) 영안원(永安院) 선정(善靜) 선사

선정 선사는 경조 사람으로 성은 왕(王)씨이다. 아버지는 군수 벼슬을 하였고, 어머니의 꿈에 금상(金像)을 보고 태기가 있었다.

어릴 적에 유학(儒學)을 익혀 여러 서적을 두루 통하고, 27세에 홀연히 세상을 싫어하여 가만히 종남산(終南山)에 가서 광도(廣度) 선사에게 절하고 머리를 깎고 구족계를 받았다.

前樂普元安禪師法嗣。京兆永安院善靜禪師。京兆人也。姓王氏。父任牧守。母因夢金像覺而有娠。師幼習儒學。博通羣書。年二十七忽厭浮幻。潛詣終南山禮廣度禪師披削受具。

당(唐)의 천복(天復) 때에 남쪽으로 가서 낙보 원안 선사를 뵈니, 원안이 법기로 여겨 입실을 허락하였다. 거기서 원무(園務)를 맡기니 힘껏 대중의 일을 돌보았다.

어떤 승려가 낙보에게 하직하니 낙보가 그에게 물었다.
"사방이 온통 산인데 그대는 어디를 가려는가?"
그 승려가 대답을 못 하니, 낙보가 말하였다.
"그대에게 10일 동안 말미를 주겠으니, 그 안에 옳은 대답을 하면 놓아 주리라."
이에 그 승려가 곰곰이 생각하느라고 말없이 지내기 며칠만에 경행(經行)55)을 하다가 우연히 채전에 들어왔다.
대사가 이상하게 여기어 물었다.
"상좌는 하직하고 떠난 줄 알았는데 어째서 지금 여기에 있는가?"

唐天復中南謁樂普安禪師。安器之容其入室。仍典園務力營眾事。有僧辭樂普。樂普曰。四面是山闍黎向什麼處去。僧無對。樂普曰。限汝十日內下語得中即從汝去。其僧冥搜久之無語。因經行偶入園中。師怪問曰。上座豈不是辭去。今何在此。

---

55) 경행(經行) : 좌선 중에 일정한 장소를 도는 일.

그 승려가 까닭을 다 이야기하고 이어 대사에게 대답을 해달라고 간청하니, 대사가 어쩔 수 없어 대신 대답을 하였다.

"대나무가 빽빽해도 흐르는 물은 막지 못하고, 산이 높은들 백운이 나는 것을 막을 수 있으랴."

그 승려가 뛸 듯이 기뻐하니, 대사가 화상에게 대답할 때에 자신의 말인 것을 알리지 말라고 부탁하였다. 이에 그 승려가 낙보에게 가서 아뢰니, 낙보가 물었다.

"이것이 누구의 말인가?"

"저의 말입니다."

"이는 그대의 말이 아니다."

그 승려가 원두(園頭)의 말이라는 사실을 자세히 말하니, 낙보가 저녁에 법상에 올라 대중에게 말하였다.

"원두를 가벼이 하지 말라. 다른 날 그가 어느 성 모퉁이에 살면 오백 명이 항상 그를 따르리라."

僧具陳所以堅請代語。師不得已代曰。竹密不妨流水過。山高那阻野雲飛。其僧喜踊師囑之曰。祗對和尚時。不須言是善靜語也。僧遂白樂普。樂普曰。誰下此語。曰某甲。樂普曰。非汝之語。其僧具言園頭所教。樂普至晚上堂謂眾曰。莫輕園頭。他日住一城隍五百人常隨也。

대사는 곧 낙보를 하직하고 본산으로 돌아와서 초막을 짓고 사니 승려와 속인이 모여들었다.

다시 아미산(峨嵋山)에 갔다가 흥원(興元)으로 돌아오니 대장군인 왕공(王公)이 절을 하고 소중히 여겼다. 나중에 고향으로 돌아왔는데 마침 전란이 스친 뒤여서 절이 폐허가 되었다. 절도사가 영안(永安) 선원을 지어 살게 하니 무리가 오백여 명이었다.

어떤 승려가 물었다.
"알면서도 말할 수 없을 때에는 어떠합니까?"
대사가 말하였다.
"무엇을 안다는 것인가?"
"없을 수도 없습니다."
"그러면 마땅히 일러 봐라."
"말할 수 없는 것은 아니지만 말하면 치우치니 어찌하겠습니까?"

師尋辭樂普。北還故山結廬而止。道俗歸向。復遊峨嵋。迴住興元。連帥王公禮重。後歸故鄕。屬兵火之後舊寺荒廢。節帥創永安禪苑以居之。徒眾五百餘。僧問。知有道不得時如何。師曰。知有箇什麼。曰不可無也。師曰。恁麼即合道得。曰道即不無爭奈語偏。

"물이 얼면 고기가 뛰기 어렵고, 산이 추우면 꽃이 더디 피니라."

"어떤 것이 납자의 모든 것을 초월했다는 것마저 세우지 않는 경지의 일입니까?"
"용과 고기는 바다를 벗어나지 못하고, 물속의 달은 광명을 삼키지 못한다."

"지혜로도 알 수 없고, 식(識)으로도 인식할 수 없을 때가 어떠합니까?"
"학과 백로가 머리를 맞대고 눈 위에서 자다가 달이 밝으니 놀라 깨어서 둘 다 망설인다."

"어떤 것이 서쪽에서 오신 뜻입니까?"
"벽 위에 그린 마른 소나무에 벌이 와도 꽃망울은 보지 못한다."

師曰。水凍魚難躍山寒花發遲。問如何是衲衣向上事。師曰。龍魚不出海水月不吞光。問不可以智知不可以識識時如何。師曰。鶴鷺並頭蹋雪睡。月明驚起兩遲疑。問如何是西來意。師曰。壁上畫枯松蜂來不見蘂。

"우두(牛頭)가 4조를 보기 전에는 어떠했습니까?"

"빼어난 풍경 속에 서 있는 영특한 소나무는 보는 사람마다 부러워한다."

"본 뒤에는 어떠합니까?"

"잎이 떨어진 뒤에 가지가 앙상하니 바람이 불어와도 음향이 없다."

"어찌하여야 여래의 집에 태어납니까?"

"옷을 걸치고 새벽빛이나 소망하니, 겁 동안 논해도 밝히지 못하리라."

"겁이 끝난 뒤에는 어떻게 밝힙니까?"

"온통인 구절은 얻는 것이 아니다."

대사는 북도에 갔다가 때마침 소종(昭宗)이 몽진(蒙塵)하는 전란을 만났다.

問牛頭未見四祖時如何。師曰。異境靈松覩者皆羨。曰見後如何。師曰。葉落已枝摧風來不得韻。問如何得生如來家。師曰。披衣望曉論劫不明。曰劫後如何明。師曰。一句不可得。師往遊娰道。被[56]昭宗蒙塵之亂。

---

56) 被가 송, 원나라본에는 避로 되어 있다.

경조(京兆) 영안원(永安院) 선정(善靜) 선사 265

진(晋)의 개운(開運) 병오년(丙午年) 겨울에 종을 쳐서 대중을 모아 유언을 하고, 바로 방장실로 들어가 동쪽으로 향하여 오른 겨드랑을 대고 누워 세상을 마쳤다. 수명은 89이고, 법랍은 60세였다. 시호는 정오 선사(淨悟禪師)라 하였다.

以晉開運丙午歲冬。鳴犍椎集僧囑累。入方丈東向右脇而化。壽八十有九。臘六十。勅諡淨悟禪師。

 토끼뿔

∽ "어떤 것이 납자의 모든 것을 초월했다는 것마저 세우지 않는 경지의 일입니까?" 했을 때

대원은 "돌범이 낳은 산호 사자가 포효한다." 하리라.

∽ "지혜로도 알 수 없고, 식(識)으로도 인식할 수 없을 때가 어떠합니까?" 했을 때

대원은 "바로 지금 그대가 그런 자일세." 하리라.

기주(蘄州) 오아산(烏牙山) 언빈(彦賓) 선사

언빈 선사에게 어떤 이가 물었다.
"사람의 몸을 받기 전에는 무엇이었습니까?"
대사가 말하였다.
"세 다리를 가진 돌소가 언덕 위를 달리고, 한 줄기의 서기가 달 앞에 분명하다."

"말 한 필, 창 한 자루로 곧장 달려들 때에는 어떠합니까?"
"설사 그대가 웅신57)처럼 창을 쓸 줄 안다 할지라도 진왕(秦王)에게는 한 걸음이 뒤떨어진다."

"오랫동안 싸움터에서 싸웠는데 왜 공명을 이루지 못합니까?"

蘄州烏牙山彦賓禪師。問未作人身以前作什麼來。師曰。三脚石牛坡上走。一枝瑞氣月前分。問疋馬單槍直入時如何。師曰。饒你雄信解拈槍。猶較秦王一步在。問久戰沙場爲什麼功名不就。

---

57) 웅신(雄信) : 수나라 말기 당나라 초기 장군.

"두 마리의 새매[58]가 화살과 같이 떨어졌다 해도 이광(李廣)[59]의 명성에는 당하지 못한다."

"백 걸음 밖에서 버들잎을 꿰뚫어 과녁을 맞추는 이는 누구입니까?"
"장군은 편교(便橋)에 다다르지도 않았는데, 금아(金牙)는 헛되이 수고롭게 오늬[60]를 집어든다."

"무지개가 구름을 마실 때에는 어떠합니까?"
"금륜천자(金輪天子)가 염부제[61]에 내리니, 무쇠 만두 위에 황금 꽃이 빼어나다."

師曰。雙鷴隨箭落李廣不當名。問百步穿楊中的者誰。師曰。將軍不上便橋。金牙徒勞拈筈。問蟠蝀飲雲根時如何。師曰。金輪天子下閻浮。鐵饅頭上金花異。

---

58) 새매 : 매보다 작은 수릿과의 새.
59) 이광(李廣) : 중국 한나라 때 활을 매우 잘 쏜 장군.
60) 오늬 : 화살의 머리를 활시위에 끼도록 에어 낸 부분.
61) 염부제 : 사주(四洲)의 하나. 수미산 남쪽에 있다는 대륙으로, 인간들이 사는 세계.

 토끼뿔

☞ "사람의 몸을 받기 전에는 무엇이었습니까?" 했을 때

대원은 할을 했을 것이다.

☞ "날 한 쌀, 창 한 자루도 끝상 날려를 때에는 어녀합니까?" 했을 때

대원은 "깊기로는 밑이 없고, 높기로는 그 위가 없어서 침범할 수 없다." 하리라.

봉상부(鳳翔府) 청봉산(靑峯山) 전초(傳楚) 선사

전초 선사는 경주(涇州) 사람으로 성품이 순박하고 얼굴이 점잖으며, 눈은 세모 모양이었다. 낙보(樂普)가 마음자리를 보여 주고 이어 대중의 일을 맡겼다.

어느 날 낙보가 물었다.

"원주(院主)는 어디를 갔다 오는가?"

"눈을 쓸고 옵니다."

"눈의 깊이가 얼마나 되던가?"

"나무 위까지 온통 눈입니다."

"알기는 알았다마는 그대가 다음 날 살 자리를 얻는다면 눈의 동굴이 될 것이다."

대사가 수기를 받은 뒤에 백수(白水)를 찾으니 백수가 물었다.

"낙보에게 소생하는 기틀의 한 길이 있다 하는데 사실인가?"

鳳翔府靑峯山傳楚禪師。涇州人也。性淳貌古。眼有三角。承樂普開示心地俾宰於眾事。一日樂普問曰。院主汝去什麼處來。師曰。掃雪來。曰雪深多少。師曰。樹上總是。曰得即也得。汝向後有山住箇雪窟定矣。自受記乃訪於白水。白水問。樂普有生機一路是否。

대사가 말하였다.

"그렇습니다."

백수가 말하였다.

"소생한 길은 그만두고 익숙한 길로 오라."

"소생한 길 위에는 죽은 사람이 무수하고, 익숙한 길 위에는 산 사람도 붙이지 않습니다."

"그것은 낙보의 소식이고, 그대는 뭐라 하겠는가?"

"낙보뿐만이 아니라, 협산(夾山)도 어쩔 수 없습니다."

"협산이 어째서 어쩔 수 없는가?"

"소생한 한 길이라는 것도 봄[見]이 없습니다."

대사가 주지가 된 뒤에 어떤 승려가 물었다.

"부처님이나 마(魔)는 나타나기 전에는 어디에 있었습니까?"

"여러 상좌들이여, 들었거든 대답해 봐라."

師曰。是。白水曰。止却生路向熟路上來。師曰。生路上死人無數。熟路上不著活漢。白水曰。此是樂普底汝作麼生。師曰。非但樂普夾山亦不奈何。曰夾山爲什麼不奈何。師曰。不見道生機一路。師住後有僧問。佛魔未現向什麼處應。師曰。諸上座聽祗對。

"어떤 것이 기틀에 임하는 한 구절입니까?"
"말해 봐라."
"화상께서 말씀해 주십시오."
"해골까지 꿰뚫었건만 아픈 줄도 모르는구나."

"어떤 것이 밝게 알아 마친 사람의 온통인 구절입니까?"
"준마(駿馬)는 한 치도 옮기지 않는데, 둔한 새가 높이 솟아 벗어 나려 한다."

問如何是臨機一句。師曰。便道將來。曰請和尙道。師曰。穿過髑髏不知痛處。問如何是明了底人一句。師曰。駿馬寸步不移。鈍鳥昇騰出路。

 토끼뿔

"어떤 것이 기틀에 임하는 온통인 구절입니까?" 했을 때

　대원은 "마조가 밟는 발밑에서 짓는 수로 화상의 웃음이니라." 하리라.

등주(鄧州) 중도(中度) 화상

중도 화상에게 어떤 이가 물었다.
"바다 안에서 스승을 만나지 못하니, 어떤 것이 천하의 주인입니까?"
대사가 말하였다.
"금닭은 항상 새벽을 알리건만 사람들 스스로가 알지 못한다."

"어떤 것이 어둠 속에서도 밝은 거울입니까?"
"만 가지 기틀에 매하지 않는다."
"모르겠습니다. 물건을 어떻게 비추어야 합니까?"
"어떤 물건을 비치지 못한다는 것인가?"

鄧州中度和尚。問海內不逢師如何是寰中主。師曰。金鷄常報曉時人不自知。問如何是暗中明鏡。師曰。萬機昧不得。曰未審照何物。師曰。什麼物不照。

"어떤 것이 실제 이치의 바탕에서 한 티끌도 받아들이지 않으면서 불사(佛事)의 문에서는 한 법도 버리지 않는 것입니까?"

"참되고 항상함은 티끌에 물들지 않고, 바다 안으로 백 갈래의 물이 흐른다."

"화상께서 빛과 소리를 떠나 말씀해 주십시오."

"나무 사람이 항상 대하여 이야기를 하나 성품에 있어서는 말한 적도 없다."

問如何是實際理地不受一塵。佛事門中不捨一法。師曰。真常塵不染海內百川流。問請和尚離聲色外答。師曰。木人常對語有性不能言。

🐦 토끼뿔

"어떤 것이 어둠 속에서도 밝은 거울입니까?" 했을 때

대원은 "디딤돌이다." 하리라.

가주(嘉州) 동계(洞谿) 화상

동계 화상이 처음에 낙보에게 물었다.
"달 속의 계수나무는 뿌리가 없어도 가지가 무성하니, 화상께서 묘하고 그윽함을 바로 가리켜 주십시오."
낙보가 말하였다.
"삼라만상 빼어난 곳의 일이 서로 방해롭지 않고, 녹수(渌水)는 천 갈래로 달리는데 우뚝한 봉우리가 스스로 빼어나다."
대사가 이 말에 뜻을 깨닫고 그의 법을 이었다.

"뱀이 어떻게 뱀잡이를 삼킵니까?"
"몇 번이나 자세히 묻지만 드러낼 수 없었다."

嘉州洞谿和尚。初問樂普。月樹無根枝覆蔭。請師直指妙幽微。樂普曰。森羅秀處事不相依。渌水千波孤峯自異。師於是領旨承嗣。問蛇師為什麼被蛇吞。師曰。幾度扣問[62]拈不出。

---

62) 問이 원, 명나라본에는 門으로 되어 있다.

 토끼뿔

∽ "달 속의 계수나무는 뿌리가 없어도 가지가 무성하니, 화상께서 묘하고 그윽함을 바로 가리켜 주십시오." 했을 때

대원은 "묘하고 그윽한 것은 묘하고 그윽한 것이 아니고, 저 석등이 묘하고 그윽한 것이다." 하리라.

∽ "뱀이 어떻게 뱀잡이를 삼킵니까?" 했을 때

대원은 "장설이가 찻잔을 깨뜨린다." 하리라.

경조(京兆) 와룡(臥龍) 화상

와룡 화상이 처음으로 개당(開堂)하니, 어떤 승려가 물었다.
"밝은 해가 하늘 끝에 달렸으며 구슬 빛이 옛 도읍을 비추고, 물가의 나루터는 바다처럼 넓은 법의 세계로 통하는데 오늘의 뜻이 어떠합니까?"
대사가 말하였다.
"보배 검을 휘두를 때에 어찌 그 밝고 어두움이 있으리오."

京兆臥龍和尚。初開堂。有僧問。杲日符天際。珠光照舊都。浦津通法海。今日意如何。師曰。寶劍揮[63]時豈該明暗。

---

63) 揮가 원, 명나라본에는 暉로 되어 있다.

🐦 토끼뿔

"밝은 해가 하늘 끝에 달렸으며 구슬 빛이 옛 도읍을 비추고, 물가의 나루터는 바다처럼 넓은 법의 세계로 통하는데 오늘의 뜻이 어떠합니까?" 했을 때

대원은 "옥룡이 물속에서 불을 토하니 맑은 물 그대로가 광명이니라." 하리라.

앞의 강서(江西) 소요산(逍遙山) 회충(懷忠) 선사의 법손

천주(泉州) 복청원(福淸院) 사외(師巍) 화상

사외 화상의 호는 통현(通玄) 선사이다.
어떤 승려가 물었다.
"가지가 협산 선사로부터 나뉘어서 분명하게 소요의 법을 이었고 보배 법좌에 오르셨으니, 법의 우뢰를 울려 주십시오."
대사가 말하였다.
"만물 밖에 홀로 소요하니, 만물 밖에는 노을도 생긴 적 없다."
승려가 말하였다.
"어떤 것이 서쪽에서 오신 분명한 뜻입니까?"

前江西逍遙山懷忠禪師法嗣。泉州福淸院師巍和尙號通玄禪師。僧問。枝分夾嶺的紹逍遙寶座既登法雷請震。師曰。逍遙迥物外物外霞不生。問如何是西來的的意。

대사가 말하였다.

"눈 속에 서 있던 일은 수고롭다 할 것이 없으니 팔을 끊고서야 비로소 과녁에 맞았다."[64]

"그러면 한 송이의 꽃에 다섯 잎이 피어 지금에 이르렀겠습니다."

"원인이 삼계의 밖에 두렷하고, 결과가 시방에 가득하다."

師曰。立雪未為勞斷臂方為的。曰恁麼即一華開五葉芬芳直至今。師曰。因圓三界外果滿十方知。

---

[64] 2조 혜가 대사가 달마 대사에게 법을 구했던 일화.

쪽 토끼뿔

"가지가 협산 선사로부터 나뉘어서 분명하게 소요의 법을 이었고 보배 법좌에 오르셨으니, 법의 우뢰를 울려 주십시오." 했을 때

대원은 "천지에서 그토록 울렸건만 어찌 듣지 못했던고?" 하리라.
"험."

경조(京兆) 백운(白雲) 무휴(無休) 선사

무휴 선사에게 어떤 이가 물었다.
"길에서 사나운 범을 만날 때에는 어떻게 항복시킵니까?"
대사가 말하였다.
"불·법·승에 의지하라."

"어떤 것이 백운의 경계입니까?"
"달 밝은 밤에 누각 옆 바다의 나그네 근심이다."

京兆白雲無休禪師。問路逢猛虎如何降伏。師曰。歸依佛歸依法歸依僧。問如何是白雲境。師曰。月夜樓邊海客愁。

토끼뿔

"어떤 것이 백운의 경계입니까?" 했을 때

대원은 "창공에 나는 학이 나의 일상을 질투한다." 하리라.

앞의 원주(袁州) 반룡산(盤龍山) 가문(可文) 선사의 법손

강주(江州) 여산(廬山) 영안(永安) 정오(淨悟) 선사

정오 선사에게 어떤 승려가 물었다.
"어떤 것이 출가한 이의 일입니까?"
대사가 말하였다.
"만 길 벼랑에 매달린 손을 놓아 버려라."
"어떤 것이 출가하지 않은 이의 일입니까?"
"설령(雪嶺) 안소(安巢)의 절개보다 특별하고, 허유(許由)가 표주박 하나를 걸어 놓은 것[65]보다 뛰어나다."

前袁州盤龍山可文禪師法嗣。江州廬山永安淨悟禪師。僧問。如何是出家底事。師曰。萬丈懸崖撒手去。曰如何是不出家底事。師曰。迥殊雪嶺安巢節。有異許由掛一瓢。

---

65) 허유는 산에 숨어 살면서 청빈한 생활을 해 아무것도 없었는데, 마을 사람이 물을 떠먹을 표주박 하나를 갖다 주자, 걸어 놓았다가 그마저 떼어버렸다 한다.

"여섯 문이 통하지 않으니 어떻게 소식을 전하리까?"
"그대는 밖에 있는 누구를 아는가?"

"굴레를 벗고 짐을 내려놓고 올 때는 어떠합니까?"
"뼈를 바꾸고 창자를 씻어 만리장성에 던져 버리니, 홍문(洪門)에서는 다시 갈대를 입에 물 필요가 없다."[66]

"예로부터 성인이 무엇으로 사람들에게 보였습니까?"
"조룡(祖龍, 진시황)이 교화하던 절도(節度)와도 다르고, 집에 앉은 봉황이 티끌을 날리는 것도 초월해 있다."

"어떤 것이 객 노릇을 할 줄 아는 사람입니까?"
"보배로 장식한 수라상마저도 버렸거늘 어찌 억겁 동안 다른 사람의 문호에만 의지해 있으랴."

問六門不通如何通信。師曰。闍梨外邊與誰相識。問脫籠頭卸角馱來時如何。師曰。換骨洗腸投紫塞。洪門切忌更銜蘆。問從上諸聖將何示人。師曰。有異祖龍行化節。逈超棲鳳越揚塵。問如何是解作客底人。師曰。寶御珍牀猶尚棄。誰能歷劫傍他門。

---

66) 기러기가 사냥꾼의 그물을 피하기 위한 방편으로 갈대를 입에 물고 난다고 한다.

"여러 사람이 금을 찾으면 누가 얻습니까?"
"황제(黃帝)는 적수(赤水)에 간 일이 없고, 구슬은 모양이 없어서 가없이 이러-하다."[67]

"눈[雪]이 갈대꽃을 덮을 때에는 어떠합니까?"
"비록 어렴풋이 엉키어 상서를 나타내도, 태양이 빛나면 곧 미혹한 사람이니라."

問眾手淘金誰是得者。師曰。黃帝不曾遊赤水。珠承罔象也虛然。問雪覆蘆花時如何。師曰。雖則洹凝呈瑞色。太陽輝後却迷人。

---

67) 『장자』의 천지편에 황제가 곤륜산에 다녀오는 길에 적수(赤水)라는 호숫가에서 현주(玄珠)라는 보배구슬을 물에 빠뜨렸는데, 지식 제일 지(知), 눈 밝은 이주(離朱), 말을 잘하는 끽구(喫詬)도 못 찾았으나, 형상도 볼 수 없고 백치에 가까운 상망(象罔)이 찾아왔다고 한다.

 토끼뿔

"예로부터 여러 성인이 무엇으로 사람들에게 보였습니까?" 했을 때

대원은 "그 말이 있기도 전에 더없이 보였다." 하리라.

원주(袁州) 목평산(木平山) 선도(善道) 선사

선도 선사가 처음에 낙보를 뵙고 물었다.
"거품 하나가 일기 전에 어떻게 그 수맥(水脈)을 알겠습니까?"
낙보가 말하였다.
"배를 옮기려면 물의 형세를 알아야 하고, 돛을 올리려면 파도를 판단해야 한다."
대사는 뜻에 맞지 않아 바로 반룡에게 가서 앞의 일을 이야기하고 물으니, 반룡이 말하였다.
"배를 옮긴다 하면 물을 알지 못하는 것이요, 돛을 올린다 하면 근원을 미혹하는 것이다."
대사가 이 말에 깨달았다.

袁州木平山善道禪師。初謁樂普問。一漚未發已前如何辨其水脈。樂普曰。移舟諳水勢舉棹別波瀾。師不愜意乃參盤龍。語同前問。盤龍曰。移舟不辨水舉棹即迷源。師從此悟入。

어떤 승려가 물었다.
"어떤 것이 서쪽에서 오신 뜻입니까?"
대사가 말하였다.
"돌양[石羊]이 새끼를 던지고는 동쪽을 바라본다."

"어떤 것이 정법안(正法眼)입니까?"
"주장자의 구멍이니라."

"어떤 것이 부동존(不動尊)입니까?"
"낭랑하고 탕탕한 것이다."

"어떤 것이 목평의 일구입니까?"
"허공에 가득찼다."
"허공에 가득찬 것은 묻지 않습니다. 어떤 것이 일구입니까?"
대사가 때렸다.

僧問。如何是西來意。師曰。石羊投子向東看。問如何是正法眼。師曰。拄杖孔。問如何是不動尊。師曰。浪浪宕宕。問如何是木平一句。師曰。冨塞虛空。日冨塞虛空即不問。如何是一句。師乃打之。

대사는 어떤 승려가 오든지 만나기를 허락하기 전에 먼저 흙을 세 번 져오게 한 뒤에 보이고 게송으로 말하였다.

남산의 길이 기울어 동산이 낮으니
새로 온 이는 흙 석 짐을 사양치 말라
그대가 오랫동안 길에 있던 것이 가엾구나
분명하거늘 깨닫지 못하고 도리어 미혹하구나

대사는 육계[68]에 비단 무늬가 있었는데 금릉(金陵)의 이(李)씨가 대사의 도덕을 흠모하여 맞이해서 공양하고 스승의 예로써 대우하였다. 그가 일찍이 이렇게 물었다.

師凡有新到僧。未許參禮。先令運土三擔而示偈曰。
南山路仄東山低
新到莫辭三擔[69]泥
嗟汝在途經日久
明明不曉却成迷
師肉髻羅紋。金陵李氏嚮其道譽。迎請供養待以師禮。嘗問。

---

68) 육계 : 머리 위에 크게 튀어나온 부분.
69) 擔이 송. 원나라본에는 轉으로 되어 있다.

"어떤 것이 목평(木平)입니까?"
대사가 말하였다.
"도끼에도 꿈쩍하지 않는다."
"어떤 것이 도끼에도 꿈쩍하지 않는 것입니까?"
"목평이니라."

이때에 대법안(大法眼) 선사가 게송을 지어서 보냈다.

목평산에 있는 사람이
얼굴은 늙었는데 나이는 젊다네
마주 보면 시골 사람 같건만
마음을 토론하면 밝은 가을달일세

如何是木平。師曰。不動斤斧。曰如何不動斤斧。師曰。木平。時大法眼
禪師。有偈贈曰。
木平山裏人
貌古年復少
相看陌路同
論心秋月皎

누더기가 헤어져도 비단실로 꿰매지 않으며
노래를 부르니 새들이 와서 돕네
오늘에 이른 성과 대궐이
한 방울의 거품인 줄 진작에 깨달았네

대사는 이상한 행적이 퍽 많았는데 여기서는 번거로워서 다 기록하지 않는다. 입멸한 뒤에 문인들이 탑을 세우고, 돌에다 초상을 새겼다. 본국에서 진적 선사(眞寂禪師)라 시호를 내리고, 탑호는 보혜(普慧)라 하였다.

壞衲線非蠶
助歌聲有鳥
城闕今日來
一漚曾已曉
師異迹頗多此不繁述。滅後門人建塔刊石影。本國諡眞寂禪師。塔曰普慧。

🐦 토끼뿔

"어떤 것이 부동존(不動尊)입니까?" 했을 때

대원은 "물레방아니라." 하리라.

협부(陜府) 용계(龍谿) 화상

용계 화상이 법상에 올라 대중에게 말하였다.
"설사 무봉탑이라 하더라도 노승(老僧)의 한 방망이를 면하지 못하리니 어찌하여야 방망이를 면하겠는가?"
대중이 대답이 없으니, 대사가 스스로 대신 말하였다.
"내려가라."
어떤 승려가 물었다.
"어떤 것이 무봉탑입니까?"
"백 가지 보배로 장엄하는 것은 이제 끝났고, 네 문을 활짝 열어 놓은 지도 벌써 오래다."

陝府龍谿和尚。上堂謂眾曰。直饒說似箇無縫塔。也不免老僧下一箇橛。作麼生免得下橛。眾無對。師自代曰。下去。僧問。如何是無縫塔。師曰。百寶莊嚴今已了。四門開豁已多時。

 토끼뿔

"설사 무봉탑이라 하더라도 노승(老僧)의 한 방망이를 면하지 못하리니, 어찌하여야 방망이를 면하겠는가?" 했을 때

대원은 "살구꽃 활짝 피고, 꾀꼬리 노래하는 이 화창한 봄날이니 차나 드시지요." 하리라.

앞의 무주(撫州) 황산(黃山) 월륜(月輪) 선사의 법손

영주(郢州) 동천산(桐泉山) 화상

동천산 화상이 처음에 황산을 뵈니, 황산이 물었다.

"하늘과 문이 하나로 합하고 시방에 길이 없으니, 누군가가 말할 수 있다면 손을 털고 장강(漳江)으로 나와라."

대사가 말하였다.

"고요한 집에는 열 것도 없어서 용(龍)에게는 용이라는 구절도 없습니다."

"너는 그렇게 말하는구나."

前撫州黃山月輪禪師法嗣。郢州桐泉山和尚。初參黃山。問天門一合十方無路。有人道得擺手出漳江。師對曰。蟄戶不開龍無龍句。黃山曰。是你恁麼道。

"옳으면 바로 옳다 하고, 옳지 않으면 바로 옳지 않다 하십시오."

황산이 말하였다.

"손을 털고 장강으로 나와라."

황산이 다시 물었다.

"변화(卞和)가 간 곳인 형산(荊山)이 수려했는데, 옥도장〔玉印〕이 천자에 의해서 전해질 때에는 어떠한가?"

"신령스런 학은 숲속에서 쉬지 않고, 농부는 태평세월을 중히 여기지도 않습니다."

황산이 매우 옳게 여겼다.

대사가 주지가 된 뒤에 어떤 승려가 물었다.

"어떤 것이 서로 전하는 일입니까?"

대사가 말하였다.

"용은 장생수(長生水)를 토하고, 고기는 끝없는 거품을 삼킨다."

師曰。是即直言是。不是直言不是。黃山曰。擺手出漳江。黃山復問。卞和到處荊山秀。玉印從他天子傳時如何。師曰。靈鶴不於林下憩。野老不重太平年。黃山深肯之。師住後僧問。如何是相傳底事。師曰。龍吐長生水魚吞無盡漚。

"스님께서 버려서 가려 취해 주십시오."
"북을 치고 뱃머리를 돌리니, 돛대가 물속의 달을 친다."

問請師挑揥。師曰。擂鼓轉船頭棹挑波裏月。

토끼뿔

"하늘과 문이 하나로 합하고 시방에 길이 없으니, 누군가가 말할 수 있다면 손을 털고 장강(漳江)으로 나와라." 했을 때

대원은 "쇠코뿔소 허공을 달리고, 옥룡은 바다 속에서 불을 토하니 선사시여, 줄없는 거문고로 화답함이 좋겠습니다." 하리라.

앞의 낙경(洛京) 소산(韶山) 환보(寰普) 선사의 법손

담주(潭州) 문수(文殊) 화상

문수 화상에게 어떤 승려가 물었다.
"어떤 것이 축륭봉(祝融峯) 앞의 일입니까?"
대사가 말하였다.
"바위 앞에 상서로운 풀이 돋았다."

"인자한 임금이 왕위에 오르면 만백성이 은혜를 입는데, 화상께서 세상에 나신 뒤에는 어떠합니까?"
"만 리의 사막에 무쇠배를 띄운다."

前洛京韶山寰普禪師法嗣。潭州文殊和尚。僧問。如何是祝融峯前事。師曰。巖前瑞草生。問仁王登位萬姓霑恩。和尚出世何如。師曰。萬里長沙駕鐵船。

"어떤 것이 본래의 장엄입니까?"

"국화가 언덕 위에 피니 행인들의 갈길이 더디다."

問如何是本爾莊嚴。師曰。菊花原上景行人去路長。

토끼뿔

"어떤 것이 본래의 장엄입니까?" 했을 때

대원은 "드러났다." 하리라.

색 인 표

ㄱ

가경(제9세)(24권)
가관 선사(19권)
가나제바(2권)
가문 선사(16권)
가비마라(1권)
가선 선사(26권)
가섭불(1권)
가야사다(2권)
가지 선사(10권)
가홍 선사(26권)
가훈 선사(26권)
가휴 선사(19권)
가휴(제2세)(24권)
간 선사(22권)
감지 행자(10권)
감홍 선사(15권)
강 선사(21권)
거방 선사(4권)
거회 선사(16권)
건봉 화상(17권)
계학산 화상(19권)
견숙 선사(8권)
겸 선사(20권)
경 선사(23권)
경산 감종(10권)
경산 홍인(11권)
경상(관음원)(26권)
경상(숭복원)(26권)
경소 선사(26권)
경여(제2세)(24권)
경잠 초현(10권)
경조 현사(17권)
경조미 화상(11권)
경준 선사(25권)
경진 선사(26권)
경탈 화상(22권)
경탈 화상(29권)

경통 선사(12권)
경현 선사(26권)
경혜 선사(15권)
경흔 선사(16권)
계눌 선사(21권)
계달 선사(24권)
계번 선사(19권)
계여 암주(21권)
계유 선사(23권)
계조 선사(25권)
계종 선사(24권)
계침 선사(21권)
계허 선사(10권)
고 선사(12권)
고사 화상(8권)
고정 화상(10권)
고정간선사(16권)
고제 화상(9권)
곡산 화상(23권)
곡산장 선사(16권)
곡은 화상(15권)
공기 화상(9권)
곽산 화상(11권)
관계 지한 선사(12권)
관남 장로(30권)
관음 화상(22권)
관주 나한(24권)
광 선사(14권)
광과 선사(23권)
광달 선사(25권)
광덕(제1세)(20권)
광목 선사(12권)
광법 행흠(24권)
광보 선사(13권)
광산 화상(23권)
광오 선사(22권)
광오(제4세)(17권)
광용 선사(12권)

광우 선사(24권)
광원 화상(26권)
광인 선사(15권)
광인 선사(17권)
광일 선사(20권)
광일 선사(25권)
광제 화상(20권)
광징 선사(8권)
광혜진 선사(13권)
광화 선사(20권)
괴성 선사(26권)
교 화상(12권)
교연 선사(18권)
구 화상(24권)
구나함모니불(1권)
구류손불(1권)
구마라다(2권)
구봉 도건(16권)
구봉 자혜(11권)
구산 정원(10권)
구산 화상(21권)
구종산 화상(15권)
구지 화상(11권)
굴다삼장(5권)
귀 선사(22권)
귀본 선사(19권)
귀신 선사(23권)
귀인 선사(20권)
귀정 선사(13권)
귀종 지상(7권)
규봉 종밀(13권)
근 선사(26권)
금륜 화상(22권)
금우 화상(8권)
기림 화상(10권)

ㄴ

나찬 화상(30권)

나한 화상(11권)
나한 화상(24권)
낙보 화상(30권)
남대 성(21권)
남대 화상(20권)
남악 남대(20권)
남악 회양(5권)
남원 화상(12권)
남원 화상(19권)
남전 보원(8권)
낭 선사(23권)
내 선사(22권)
녹 화상(21권)
녹수 화상(11권)
녹원 화상(13권)
녹원휘 선사(16권)
녹청 화상(15권)

ㄷ

다복 화상(11권)
단기 선사(23권)
단하 천연(14권)
달 화상(24권)
담공 화상(12권)
담권(제2세)(20권)
담명 선사(23권)
담장 선사(8권)
담조 선사(10권)
담최 선사(4권)
대각 선사(12권)
대각 화상(12권)
대동 선사(15권)
대랑 화상(23권)
대력 화상(24권)
대령 화상(17권)
대모 화상(10권)
대범 화상(20권)
대비 화상(12권)

색 인 표

대승산 화상(23권)
대안 선사(9권)
대양 화상(8권)
대육 선사(7권)
대의 선사(7권)
대전 화상(14권)
대주 혜해(6권)
대천 화상(14권)
덕겸 선사(23권)
덕부 스님(29권)
덕산 선감(15권)
덕산(제7세)(20권)
덕소 국사(25권)
덕해 선사(22권)
도 선사(21권)
도간(제2세)(20권)
도건 선사(23권)
도견 선사(26권)
도겸 선사(23권)
도광 선사(21권)
도단 선사(26권)
도림 선사(4권)
도명 선사(4권)
도명 선사(6권)
도부 선사(18권)
도부 대사(19권)
도상 선사(10권)
도상 선사(25권)
도수 선사(4권)
도신 대사(3권)
도연 선사(20권)
도오(관남)(11권)
도오(천황)(14권)
도원 선사(26권)
도유 선사(17권)
도은 선사(21권)
도은 선사(23권)
도응 선사(17권)

도자 선사(26권)
도잠 선사(25권)
도전 선사 (17권)
도전(제12세)(24권)
도제(제11세)(26권)
도통 선사(6권)
도한 선사(17권)
도한 선사(22권)
도행 선사(6권)
도헌 선사(12권)
도흠 선사 (25권)
도흠 선사(4권)
도흠(제2세)(24권)
도희 선사(21권)
도희 선사(22권)
동계 화상(20권)
동봉 암주(12권)
동산 양개(15권)
동산혜 화상(9권)
동선 화상(19권)
동안 화상(8권)
동안 화상(16권)
동정 화상(23권)
동천산 화상(20권)
동탑 화상(12권)
둔유 선사(17권)
득일 선사(21권)
등등 화상(30권)

ㄹ

라후라다(2권)

ㅁ

마나라(2권)
마명 대사(1권)
마조 도일(6권)
마하가섭(1권)
만 선사(22권)

만세 화상(9권)
만세 화상(12권)
명 선사(17권)
명 선사(22권)
명 선사(23권)
명교 선사(22권)
명달소안(제4세)(26)권
명법 대사(21권)
명변 대사(22권)
명식 대사(22권)
명오 대사(22권)
명원 선사(21권)
명진 대사(19권)
명진 선사(21권)
명철 선사(7권)
명철 선사(14권)
명혜 대사(24권)
명혜 선사(22권)
모 화상(17권)
자사진조(12권)
몽계 화상(8권)
몽필 화상(19권)
묘공 대사(21권)
묘과 대사(21권)
무등 선사(7권)
무료 선사(8권)
무업 선사(8권)
무염 대사(12권)
무원 화상(15권)
무은 선사(17권)
무일 선사(24권)
무주 선사(4권)
무휴 선사(20권)
문 화상(22권)
문수 선사(17권)
문수 선사(25권)
문수 화상(16권)
문수 화상(20권)

문습 선사(24권)
문언 선사(19권)
문의 선사(21권)
문익 선사(24권)
문흠 선사(22권)
문희 선사(12권)
미령 화상(12권)
미령 화상(8권)
미선사(제2세)(23권)
미차가(1권)
미창 화상(12권)
미창 화상(14권)
민덕 화상(12권)

ㅂ

바사사다(2권)
바수밀(1권)
바수반두(2권)
박암 화상(17권)
반산 화상(15권)
반야다라(2권)
방온 거사(8권)
배도 선사(30권)
배휴(12권)
백거이(10권)
백곡 화상(23권)
백령 화상(8권)
백수사화상(16권)
백운 화상(24권)
백운약 선사(15권)
범 선사(20권)
범 선사(23권)
법건 선사(26권)
법괴 선사(26권)
법단 대사(11권)
법달 선사(5권)
법등 태흠(30권)
법만 선사(13권)

색 인 표

법보 선사(22권)	복계 화상(8권)	사건 선사(17권)	서선 화상(10권)
법상 선사(7권)	복룡산(제1세)(17권)	사구 선사(26권)	서선 화상(20권)
법운 대사(22권)	복룡산(제2세)(17권)	사귀 선사(22권)	서암 화상(17권)
법운공(27권)	복룡산(제3세)(17권)	사내 선사(19권)	석가모니불(1권)
법융 선사(4권)	복림 선사(13권)	사눌 선사(21권)	석경 화상(23권)
법의 선사(20권)	복분 암주(12권)	사명 선사(12권)	석구 화상(8권)
법제 선사(23권)	복선 화상(26권)	사명 화상((15권)	석두 희천(14권)
법제(제2세)(26권)	복수 화상(13권)	사밀 선사(23권)	석루 화상(14권)
법지 선사(4권)	복타밀다(1권)	사보 선사(23권)	석림 화상(8권)
법진 선사(11권)	본계 화상(8권)	사선 화상(16권)	석상 경제(15권)
법해 선사(5권)	본동 화상(14권)	사야다(2권)	석상 대선(8권)
법현 선사(24권)	본선 선사(26권)	사언 선사(17권)	석상 성공(9권)
법회 선사(6권)	본인 선사(17권)	사욱 선사(18권)	석상휘 선사(16권)
변륭 선사(26권)	본정 선사(5권)	사위 선사(20권)	석제 화상(11권)
변실(제2세)(26권)	봉 선사(11권)	사자 존자(2권)	석주 화상(16권)
보 선사(22권)	봉 화상(23권)	사정 상좌(21권)	선각 선사(8권)
보개산 화상(17권)	봉린 선사(20권)	사조 선사(10권)	선도 선사(20권)
보개약 선사(16권)	부강 화상(11권)	사지 선사(26권)	선도 화상(14권)
보광 혜심(24권)	부나야사(1권)	사진 선사(22권)	선미(제3세)(26권)
보광 화상(14권)	부배 화상(8권)	사해 선사(11권)	선본 선사(17권)
보리달마(3권)	부석 화상(11권)	사호 선사(26권)	선상 대사(22권)
보만 대사(17권)	불암휘 선사(12권)	삼상 화상(20권)	선소 선사(13권)
보명 대사(19권)	불여밀다(2권)	삼성 혜연(12권)	선소 선사(24권)
보문 대사(19권)	불오 화상(8권)	삼양 암주(12권)	선자 덕성(14권)
보봉 신당(17권)	불일 화상(20권)	상 선사(22권)	선장 선사(17권)
보봉 화상(15권)	불타 화상(14권)	상 화상(22권)	선정 선사(20권)
보수 화상(12권)	불타난제(1권)	상각 선사(24권)	선천 화상(14권)
보수소 화상(12권)	붕언 대사(26권)	상관 선사(9권)	선최 선사(12권)
보승 선사(24권)	비 선사(20권)	상나화수(1권)	선혜 대사(27권)
보안 선사(9권)	비구니 요연(11권)	상전 화상(26권)	설봉 의존(16권)
보운 선사(7권)	비마암 화상(10권)	상진 선사(23권)	성공 선사(14권)
보응 화상(12권)	비바시불(1권)	상찰 선사(17권)	성선사(제3세)(20권)
보적 선사(7권)	비사부불(1권)	상통 선사(11권)	성수엄 선사(17권)
보지 선사(27권)	비수 화상(8권)	상혜 선사(21권)	소 화상(22권)
보철 선사(7권)	비전복 화상(16권)	상홍 선사(7권)	소계 화상(30권)
보초 선사(24권)		서 선사(19권)	소명 선사(26권)
보화 화상(10권)	ㅅ	서륜 선사(25권)	소산 화상(30권)
보화 화상(24권)	사 선사(23권)	서목 화상(11권)	소수 선사(24권)

색 인 표

소암 선사(25권)
소요 화상(8권)
소원(제4세)(24권)
소자 선사(23권)
소종 선사(12권)
소진 대사(12권)
소현 선사(25권)
송산 화상(8권)
수 선사(24권)
수계 화상(8권)
수공 화상(14권)
수눌 선사(19권)
수눌 선사(26권)
수당 화상(8권)
수로 화상(8권)
수룡산 화상(21권)
수륙 화상(12권)
수빈 선사(21권)
수산 성념(13권)
수안 선사(24권)
수월 대사(21권)
수유산 화상(10권)
수인 선사(25권)
수진 선사(24권)
수청 선사(22권)
순지 대사(12권)
숭 선사(22권)
숭교 대사(23권)
숭산 화상(10권)
숭은 화상(16권)
숭진 화상(23권)
숭혜 선사(4권)
습득(27권)
승 화상(23권)
승가 화상(27권)
승가난제(2권)
승광 화상(11권)
승나 선사(3권)

승둔 선사(26권)
승밀 선사(15권)
승일 선사(16권)
승찬 대사(3권)
시기불(1권)
시리 선사(14권)
신건 선사(11권)
신당 선사(17권)
신라 청원(17권)
신록 선사(23권)
신수 선사(4권)
신안 국사(18권)
신장 선사(8권)
신찬 선사(9권)
실성 대사(22권)
심 선사(23권)
심철 선사(20권)
쌍계전도자(12권)

ㅇ

아난 존자(1권)
악록산 화상(22권)
안선사(제1세)(20권)
암 화상(20권)
암두 전활(16권)
암준 선사(15권)
앙산 혜적(11권)
애 선사(23권)
약산 유엄(14권)
약산(제7세)(23권)
약산고 사미(14권)
양 선사(6권)
양 좌주(8권)
양광 선사(25권)
양수 선사(9권)
언단 선사(22권)
언빈 선사(20권)
엄양 존자(11권)

여눌 선사(15권)
여만 선사(6권)
여민 선사(11권)
여보 선사(12권)
여신 선사(22권)
여체 선사(19권)
여회 선사(7권)
역촌 화상(12권)
연 선사(21권)
연관 선사(24권)
연교 대사(12권)
연규 선사(25권)
연덕 선사(26권)
연무 선사(17권)
연수 선사(26권)
연수 화상(23권)
연승 선사(26권)
연종 선사(19권)
연화(제2세)(23권)
연화상(제2세)(23권)
영 선사(19권)
영가 현각(5권)
영각 화상(20권)
영감 선사(26권)
영감 화상(23권)
영관사(12권)
영광 선사(24권)
영규 선사(15권)
영도 선사(5권)
영명 대사(18권)
영묵 선사(7권)
영서 화상(13권)
영숭(제1세)(23권)
영안(제5세)(26권)
영암 화상(23권)
영엄 선사(23권)
영운 지근(11권)
영준 선사(15권)

영초 선사(16권)
영태 화상(19권)
영평 선사(23권)
영함 선사(21권)
영훈 선사(10권)
오공 대사(23권)
오공 선사(24권)
오구 화상(8권)
오운 화상(30권)
오통 대사(23권)
온선사(제1세)(20권)
와관 화상(16권)
와룡 화상(17권)
와룡 화상(20권)
왕경초상시(11권)
요 화상(23권)
요각(제2세)(21권)
요공 대사(21권)
요산 화상(11권)
요종 대사(21권)
용 선사(20권)
용수 존자(1권)
용계 화상(20권)
용광 화상(20권)
용담 숭신(14권)
용산 화상(8권)
용아 거둔(17권)
용운대 선사(9권)
용준산 화상(17권)
용천 화상(23권)
용청 선사(26권)
용혈산 화상(23권)
용회 도심(30권)
용흥 화상(17권)
우녕 선사(26권)
우두미 선사(15권)
우바국다(1권)
우섬 선사(26권)

색인표

우안 선사(26권)
우연 선사(21권)
우연 선사(22권)
우진 선사(26권)
운개 지한(17권)
운개경 화상(17권)
운산 화상(12권)
운암 담성(14권)
운주 화상(20권)
운진 선사(23권)
원 선사(22권)
원 화상(23권)
원광 선사(23권)
원규 선사(4권)
원명 선사(11권)
원명(제3세)(23권)
원명(제9세)(22권)
원소 선사(26권)
원안 선사(16권)
원엄 선사(19권)
원제 선사(26권)
원조 대사(23권)
원지 선사(14권)
원지 선사(21권)
월륜 선사(16권)
월화 화상(24권)
위 선사(20권)
위국도 선사(9권)
위부 화엄(30권)
위산 영우(9권)
유 선사(24권)
유 화상(24권)
유건 선사(6권)
유경 선사(29권)
유계 화상(15권)
유관 선사(7권)
유연 선사(17권)
유원 화상(8권)

유장 선사(20권)
유정 선사(4권)
유정 선사(6권)
유정 선사(9권)
유척 선사(4권)
육긍 대부(10권)
육통원소선사(17권)
윤 선사(22권)
윤 스님(29권)
은미 선사(23권)
은봉 선사(8권)
응천 화상(11권)
의능(제9세)(26권)
의름 선사(26권)
의소 화상(23권)
의안 선사(14권)
의원 선사(26권)
의유(제13세)(26권)
의인 선사(23권)
의전 선사(26권)
의초 선사(12권)
의총 선사(22권)
의충 선사(14권)
이산 화상(8권)
이종 선사(10권)
인 선사(19권)
인 선사(22권)
인 화상(23권)
인검 선사(4권)
인종 화상(5권)
인혜 대사(18권)
일용 화상(11권)
일자 화상(10권)
임진 화상(19권)
임제 의현(12권)
임천 화상(22권)

ㅈ

자광 화상(23권)
자국 화상(16권)
자동 화상(11권)
자만 선사(6권)
자복 화상(22권)
자재 선사(7권)
자화 선사(22권)
장 선사(20권)
장 선사(23권)
장경 혜릉(18권)
장용 선사(22권)
장이 선사(10권)
장평산 화상(12권)
적조 선사(21권)
전긍 선사(26권)
전법 화상(23권)
전부 선사(12권)
전식 선사(4권)
전심 대사(21권)
전은 선사(24권)
전초 선사(20권)
정 선사(21권)
정과 선사(20권)
정수 대사(22권)
정수 선사(13권)
정오 대사(21권)
정오 선사(20권)
정원 화상(23권)
정조 혜동(26권)
정혜 선사(24권)
정혜 화상(21권)
제 선사(25권)
제다가(1권)
제봉 화상(8권)
제안 선사(7권)
제안 화상(10권)
조 선사(9권)
조 선사(22권)

조산 본적(17권)
조수(제2세)(24권)
조주 종심(10권)
존수 선사(16권)
종괴 선사(21권)
종귀 선사(22권)
종랑 선사(11권)
종범 선사(17권)
종선 선사(24권)
종성 선사(23권)
종습 선사(19권)
종실 선사(23권)
종의 선사(26권)
종일 선사(21권)
종일 선사(26권)
종전 선사(19권)
종정 선사(19권)
종지 선사(20권)
종철 선사(12권)
종현 선사(25권)
종혜 대사(23권)
종효 선사(21권)
종흔 선사(21권)
주 선사(24권)
주지 선사(21권)
준 선사(24권)
준고 선사(15권)
중도 화상(20권)
중만 선사(23권)
중운개 화상(16권)
중흥 선사(15권)
증각 선사(23권)
증선사(제2세)(20권)
지 선사(4권)
지견 선사(6권)
지관 화상(12권)
지구 선사(22권)
지균 선사(25권)

색인표

지근 선사(26권)
지단 선사(22권)
지덕 대사(21권)
지도 선사(5권)
지류 선사(24권)
지묵(제2세)(22권)
지봉 대사(26권)
지봉 선사(4권)
지부 선사(18권)
지상 선사(5권)
지성 선사(5권)
지암 선사(4권)
지엄 선사(24권)
지옹(제3세)(24권)
지원 선사(16권)
지원 선사(17권)
지원 선사(21권)
지위 선사(4권)
지은 선사(24권)
지의 대사(25권)
지의 선사(27권)
지의 화상(12권)
지장 선사(7권)
지장 화상(24권)
지적 선사(22권)
지조(제3세)(23권)
지진 선사(9권)
지징 대사(26권)
지철 선사(5권)
지통 선사(10권)
지통 선사(5권)
지행(제2세)(23권)
지황 선사(5권)
지휘 선사(20권)
진 선사(20권)
진 선사(23권)
진 존숙(12권)
진각 대사(18권)

진각 대사(24권)
진감(제4세)(23권)
진랑 선사(14권)
진응 선사(13권)
진적 선사(21권)
진적 선사(23권)
진화상(제3세)(23권)
징 선사(22권)
징 화상(24권)
징개 선사(24권)
징원 선사(22권)
징정 선사(21권)
징조 대사(15권)

ㅊ

찰 선사(29권)
창선사(제3세)(20권)
책진 선사(25권)
처미 선사(9권)
처진 선사(20권)
천개유 선사(16권)
천룡 화상(10권)
천복 화상(15권)
천왕원 화상(20권)
천태 화상(17권)
청간 선사(12권)
청교 선사(23권)
청면(제2세)(23권)
청모 선사(24권)
청법 선사(21권)
청석 선사(25권)
청양 선사(13권)
청요 선사(23권)
청용 선사(25권)
청욱 선사(26권)
청원 화상(17권)
청원 행사(5권)

청좌산 화상(20권)
청진 선사(23권)
청품(제8세)(23권)
청해 선사(23권)
청해 선사(24권)
청호 선사(21권)
청환 선사(21권)
청활 선사(22권)
초 선사(20권)
초남 선사(12권)
초당 화상(8권)
초복 화상(15권)
초오 선사(19권)
초증 대사(18권)
초훈(제4세)(24권)
총인 선사(7권)
추산 화상(17권)
충언(제8세)(23권)
취미 무학(14권)
칙천 화상(8권)
침 선사(22권)

ㅌ

타지 화상(8권)
태원부 상좌(19권)
태흠 선사(25권)
통 선사(17권)
통 선사(19권)
통법 도성(26권)
통변 도홍(26권)
통화상(제2세)(24권)
투자 감온(15권)

ㅍ

파조타 화상(4권)
파초 화상(16권)
파초 화상(20권)

포대 화상(27권)
풍 선사(23권)
풍간 선사(27권)
풍덕사 화상(12권)
풍혈 연소(13권)
풍화 화상(20권)

ㅎ

하택 신회(5권)
학륵나(2권)
학림 선사(4권)
한 선사(10권)
한산자(27권)
함계 선사(17권)
함광 선사(24권)
함택 선사(21권)
항마장 선사(4권)
해안 선사(16권)
해호 화상(16권)
행랑 선사(23권)
행명 대사(26권)
행수 선사(17권)
행숭 선사(22권)
행애 선사(23권)
행언 도사(25권)
행인 선사(23권)
행전 선사(20권)
행주 선사(19권)
행충(제1세)(23권)
향 거사(3권)
향성 화상(20권)
향엄 지한(11권)
향엄의단선사(10권)
헌 선사(20권)
현눌 선사(19권)
현량 선사(24권)
현밀 선사(23권)
현사 사비(18권)

색 인 표

현소 선사(4권)
현오 선사(20권)
현정 대사(4권)
현지 선사(24권)
현진 선사(10권)
현책 선사(5권)
현천언 선사(17권)
현천(제2세)(23권)
현칙 선사(25권)
현태 상좌(16권)
현통 선사(18권)
협 존자(1권)
협산 선회(15권)
혜 선사(20권)
혜 선사(22권)
혜 선사(23권)
혜가 대사(3권)
혜각 대사(21권)
혜각 선사(11권)
혜거 국사(25권)
혜거 선사(20권)
혜거 선사(26권)
혜공 선사(16권)
혜광 대사(23권)
혜능 대사(5권)
혜달 선사(26권)
혜랑 선사(14권)
혜랑 선사(21권)
혜랑 선사(26권)
혜렴 선사(22권)
혜륜 대사(22권)
혜만 선사(3권)
혜명 선사(25권)
혜방 선사(4권)
혜사 선사(27권)
혜성 선사(14권)
혜성(제14세)(26권)
혜안 국사(4권)

혜오 선사(21권)
혜원 선사(25권)
혜월법단(제3세)(26권)
혜일 대사(11권)
혜장 선사(6권)
혜제 선사(25권)
혜종 선사(17권)
혜철(제2세)(23권)
혜청 선사(12권)
혜초 선사(9권)
혜충 국사(5권)
혜충 선사(4권)
혜충 선사(23권)
혜하 대사(20권)
혜해 선사(20권)
호감 대사(22권)
호계 암주(12권)
홍구 선사(12권)
홍나 화상(8권)
홍변 선사(9권)
홍엄 선사(21권)
홍은 선사(6권)
홍인 대사(3권)
홍인 선사(22권)
홍장(제4세)(23권)
홍제 선사(23권)
홍진 선사(24권)
홍천 선사(16권)
홍통 선사(20권)
화룡 화상(23권)
화림 화상(14권)
화산 화상(17권)
화엄 화상(20권)
환보 선사(16권)
환중 선사(9권)
황룡(제2세)(26권)
황벽 희운(9권)
회기 대사(23권)

회악 선사(18권)
회악(제4세)(20권)
회우 선사(16권)
회운 선사(7권)
회운 선사(20권)
회정 선사(9권)
회주 선사(23권)
회초(제2세)(23권)
회충 선사(16권)
회통 선사(4권)
회해 선사(6권)
횡룡 화상(23권)
효료 선사(5권)
효영(제5세)(26권)
효오 대사(21권)
후 화상(22권)
후동산 화상(20권)
후초경 화상(22권)
휴정 선사(17권)
흑간 화상(8권)
흑수 화상(24권)
흑안 화상(8권)
흥고 선사(23권)
흥법 대사(18권)
흥평 화상(8권)
흥화 존장(12권)
희변 선사(26권)
희봉 선사(25권)
희원 선사(26권)

부록은 농선 대원 선사님의 인가 내력과 법어 그리고 대원 선사님께서 직접 작사하신 노래 가사를 실었다. 특히 요즘 선지식 없이 공부하는 이들을 위하여 수행의 길로부터 불보살님의 누림까지 닦아 증득할 수 있도록 '부록4'에 '가슴으로 부르는 불심의 노래' 가사를 담았으니 끝까지 정독하여 수행의 요긴한 지침이 되기를 바란다.

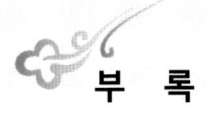

부 록

부록1　농선 대원 선사님 인가 내력　317

부록2　농선 대원 선사님 법어　325

부록3　21세기에 인류가 해야 할 일　339

부록4　가슴으로 부르는 불심의 노래　343

농선 대원 선사님 인가 내력

제 1 오도송

이 몸을 끄는 놈 이 무슨 물건인가?
골똘히 생각한 지 서너 해 되던 때에
쉬이하고 불어온 솔바람 한 소리에
홀연히 대장부의 큰 일을 마치었네

무엇이 하늘이고 무엇이 땅이런가
이 몸이 청정하여 이러-히 가없어라
안팎 중간 없는 데서 이러-히 응하니
취하고 버림이란 애당초 없다네

하루 온종일 시간이 다하도록
헤아리고 분별한 그 모든 생각들이
옛 부처 나기 전의 오묘한 소식임을
듣고서 의심 않고 믿을 이 누구인가!

此身運轉是何物
疑端汨沒三夏來
松頭吹風其一聲
忽然大事一時了

何謂靑天何謂地
當體淸淨無邊外
無內外中應如是
小分取捨全然無

一日於十有二時
悉皆思量之分別
古佛未生前消息
聞者卽信不疑誰

　대원 선사님의 스승이신 불조정맥 제77조 조계종(曹溪宗) 전강(田岡) 대선사님께서 1962년 대구 동화사의 조실로 계실 당시 대원 선사님께서도 동화사에 함께 머무르고 계셨다.
　하루는 전강 대선사님께서 대원 선사님의 3연으로 되어 있는 제1오도송을 들어 깨달은 바는 분명하나 대개 오도송은 짧게 짓는다고 말씀하셨다. 이에 대원 선사님께서는 제1오도송을 읊은 뒤, 도솔암을 떠나 김제들을 지나다가 석양의 해와 달을 보고 문득 읊었던 제2오도송을 일러드렸다.

제 2 오도송

해는 서산 달은 동산 덩실하게 얹혀 있고
김제의 평야에는 가을빛이 가득하네
대천이란 이름자도 서지를 못하는데
석양의 마을길엔 사람들 오고 가네

日月兩嶺載同摸
金提平野滿秋色
不立大千之名字
夕陽道路人去來

제2오도송을 들으신 전강 대선사님께서는 이에 그치지 않고 그와 같은 경지를 담은 게송을 이 자리에서 즉시 한 수 지어볼 수 있겠냐고 하셨다. 대원 선사님께서는 곧바로 다음과 같이 읊으셨다.

바위 위에는 솔바람이 있고
산 아래에는 황조가 날도다

대천도 흔적조차 없는데
달밤에 원숭이가 어지러이 우는구나

岩上在松風
山下飛黃鳥
大千無痕迹
月夜亂猿啼

전강 대선사님께서는 위 송의 앞의 두 구를 들으실 때만 해도 지그시 눈을 감고 계시다가 뒤의 두 구를 마저 채우자 문득 눈을 뜨고 기뻐하는 빛이 역력하셨다.

그러나 전강 대선사님께서는 여기에서도 그치지 않고 다시 한 번 물으셨다.

"대중들이 자네를 산으로 불러내어 그 중에 법성(향곡 스님 법제자인 진제 스님. 동화사 선방에 있을 당시에 '법성'이라 불렸고, 나중에 '법원'으로 개명하였다.)이 달마불식(達磨不識) 도리를 일러보라 했을 때 '드러났다'라고 답했다는데, 만약에 자네가 당시의 양무제였다면 '모르오'라고 이르고 있는 달마 대사에게 어떻게 했겠는가?"

대원 선사님께서 답하셨다.

"제가 양무제였다면 '성인이라 함도 서지 못하나 이러-히 짐의 덕화와 함께 어우러짐이 더욱 좋지 않겠습니까?' 하며 달마 대사의 손을 잡아 일으켰을 것입니다."

전강 대선사님께서 탄복하며 말씀하셨다.

"어느새 그 경지에 이르렀는가?"

"이르렀다곤들 어찌하며, 갖추었다곤들 어찌하며, 본래라곤들 어찌하리까? 오직 이러-할 뿐인데 말입니다."

대원 선사님께서 연이어 말씀하시자 전강 대선사님께서 이에 환희하시니 두 분이 어우러진 자리가 백아가 종자기를 만난 듯, 고수명창 어울리듯 화기애애하셨다.

달마불식 공안에 대한 위의 문답은 내력이 있는 것이다. 전강 대선사님께서 대원선사님을 부르시기 며칠 전에, 저녁 입선 시간 중에 노장님 몇 분만이 자리에 앉아있을 뿐 자리가 텅텅 비어 있었다고 한다.

대원 선사님께서 이상히 여기고 있던 중, 밖에서 한 젊은 수좌가 대원선사님을 불렀다. 그 수좌의 말이 스님들이 모두 윗산에 모여 기다리고 있으니 가자고 하기에 무슨 일인가 하고 따라가셨다.

그러자 그 자리에 있던 법성 스님이 보자마자 달마불식 법문을 들고 이르라고 하기에 지체없이 답하셨다.

"드러났다."

곁에 계시던 송암 스님께서 또 안수정등 법문을 들고 물으셨다.

"여기서 어떻게 살아나겠소?"

대뜸 큰소리로 이르셨다.

"안·수·정·등."

이에 좌우에 모인 스님들이 함구무언(緘口無言)인지라 대원 선사님께서는 먼저 그 자리를 떠나 내려와 버리셨다.

그 다음날 입승인 명허 스님께서 아침 공양이 끝난 자리에서 지난 밤 입선시간 중에 무단으로 자리를 비운 까닭을 묻는 대중 공사를 붙여산 중에서 있었던 일들이 낱낱이 드러나고 말았다. 그리하여 입선시간 중에 자리를 비운 스님들은 가사 장삼을 수하고 조실인 전강 대선사님께 참회의 절을 했던 일이 있었다.

　전강 대선사님께서는 이때에 대원 선사님께서 달마불식 도리에 대해 일렀던 경지를 점검하셨던 것이다.

　이런 철저한 검증의 자리가 있었던 다음 날, 전강 대선사님께서 부르시기에 대원 선사님께서 가보니 모든 것이 약조된 데에서 주지인 월산(月山) 스님께서 입회해 계셨으며 전강 대선사님께서는 곧바로 다음과 같이 전법게(傳法偈)를 전해주셨다.

　　　　전 법 게

　부처와 조사도 일찍이 전한 것이 아니거늘
　나 또한 어찌 받았다 하며 준다 할 것인가
　이 법이 2천년대에 이르러서
　널리 천하 사람을 제도하리라

　佛祖未曾傳
　我亦何受授
　此法二千年
　廣度天下人

　덧붙여 이 일은 월산 스님이 증인이며 2000년까지 세 사람 모두 절대 다른 사람이 알게 하거나 눈에 띄게 하지 않아야 한다고 당부하셨다.

  만약 그러지 않을 시에는 대원 선사님께서 법을 펴 나가는데 장애가 있을 것이라고 예언하셨다. 또한 각별히 신변을 조심하라 하시고 월산 스님에게 명령해 대원선사님을 동화사의 포교당인 보현사에 내려가 교화에 힘쓰게 하셨다.

  대원 선사님께서 보현사로 떠나는 날, 전강 대선사님께서는 미리 적어두셨던 부송(付頌)을 주셨으니 다음과 같다.

    부 송

어상을 내리지 않고 이러-히 대한다 함이여
뒷날 돌아이가 구멍 없는 피리를 불리니
이로부터 불법이 천하에 가득하리라

不下御床對如是
後日石兒吹無孔
自此佛法滿天下

  위의 게송에서 '어상을 내리지 않고 이러-히 대한다 함이여'라는 첫째 줄 역시 내력이 있는 구절이다.

  전에 대원 선사님께서 전강 대선사님을 군산 은적사에서 모시고 계실 당시 마당에서 홀연히 마주쳤을 때 다음과 같은 문답이 있었다.

  전강 대선사님께서 물으셨다.

  "공적(空寂)의 영지(靈知)를 이르게."

대원 선사님께서 대답하셨다.

"이러-히 스님과 대담(對談)합니다."

"영지의 공적을 이르게."

"스님과의 대담에 이러-합니다."

"어떤 것이 이러-히 대담하는 경지인가?"

"명왕(明王)은 어상(御床)을 내리지 않고 천하 일에 밝습니다."

위와 같은 문답 중에 대원 선사님께서 답하신 경지를 부송의 첫째 줄에 담으신 것이다.

전강 대선사님께서 대원선사님을 인가(印可)하신 과정을 볼 때 한 번, 두 번, 세 번을 확인하여 철저히 점검하신 명안종사의 안목에 탄복하지 않을 수 없으며 이에 끝까지 1초의 머뭇거림도 없이 명철하셨던 대원선사님께 찬탄하지 않을 수 없다.

그리하여 법열로 어우러진 두 분의 자리가 재현된 듯 함께 환희용약하지 않을 수 없다.

이제 전강 대선사님과 약속한 2천년대를 맞이하였으므로 여기에 전법게를 밝힌다.

이로써 경허, 만공, 전강 대선사님으로 내려온 근대 대선지식의 정법의 횃불이 이 시대에 이어져 전강 대선사님의 예언대로 불법이 천하에 가득할 것이다.

농선 대원 선사님 법어

 깨달음은 실증실수다. 그러나 지금의 불교가 잘못된 견해와 지식으로 불조의 가르침을 왜곡하고 견성성불 하고자 애쓰는 수행인들을 오히려 길을 잃고 헤매게 하고 있다.
 그래서 이 장에서는 대원 선사님의 혜안으로 제방에서 논의되는 불교의 핵심적인 대목을 밝혀, 불조의 근본 종지를 드러내고 불교가 나아가야 할 바를 보였다.
 깨달음의 정수를 담은 12게송은 실제 깨닫지 못하고 말로만 깨달음을 말하거나 혹은 깨달았다 해도 보림이 미진한 이들을 경계하게 하며 실증의 바탕에서 닦아 증득할 수 있도록 하였으니, 생사를 결단하고 본연한 참나를 회복하려는 이들에게 칠흑 같은 밤길에 등불과 같은 길잡이가 될 것이다.

개유불성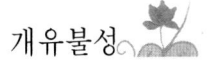

부처님께서 분명히 준동함령 개유불성(蠢動含靈 皆有佛性)이라고 하셨다. 이것은 모든 만물이 다 부처가 될 성품을 갖고 있다는 뜻이다. 불성이 하나라고 주장하는 목소리가 불교계에 드높으나 이것은 개유불성 즉, 낱낱이 제 불성은 제가 지니고 있다는 부처님의 말씀을 정면으로 어기는 말이다.

옛 선사님 말씀에 '천지(天地)가 여아동근(與我同根)이고 만물(万物)이 여아일체(與我一切)'라고 했다. '천지가 여아동근이다'라는 것은 하늘 땅이 나와 더불어 같은 뿌리라는 말이다.

'나와 더불어'라고 했고 또한 한 뿌리가 아니라 같은 뿌리라고 했다. '더불 여(與)'자와 '같을 동(同)'자가 이미 하나라 할 수 없다는 것을 말해주고 있다. 즉 이 말은 하나와도 같다, 한결같이 똑같다는 말이다. 하나라면 '같을 동'자 뿐만 아니라 일이란 글자도 설 수 없다. 일은 이가 있을 때에야 비로소 설 수 있는 것이다.

그러므로 '천지가 여아동근이다' 즉 하늘과 땅이 나와 더불어 같은 뿌리라는 것은 모든 것이 한결같이 가없는 성품 자체에서 비롯되었다는 말이다.

또한 '만물이 여아일체이다' 즉 만물이 나와 더불어 한 몸이라는 말에서 일체란 하나의 몸을 말하는 것이 아니라 모든 불성이 가없는 성품 자체로 서로 상즉한 온통인 몸을 말하는 것이어서 만물이 나와 더불어 상즉한 자체를 말한 것이다.

공부를 많이 한 사람이 외도에 깊이 떨어지는 경우가 있다. 인가를 받지 못한 선지식들이 모두 체성을 보지 못한 이는 아니다. 가없는 성품 자체에 사무치고 보니 도저히 둘일 수가 없으므로 불성이 하나라고 한 것이다. 그러나 불성이 하나라고 하는 것은 바른 깨달음이 아니다. 그래서 인가를 받지 않으면 외도라 하는 것이다. 체성에 사무쳤다 해도 스승의 지도를 받아 일체종지를 이루지 못하면 이런 큰 허물을 짓는 것이다.

만약 불성이 하나라고 하는 이가 있으면 "아픈 것을 느끼는 것이 몸뚱이냐, 자성이냐?"라고 물어야 한다. 그러면 당연히 누구나 자성이라고 답할 것이다. 만약 몸뚱이가 아픔을 느끼는 것이라면 시체도 아픔을 느껴야 하기 때문이다. 이렇게 볼 때에 자성이 하나라면 누군가 아플 때 동시에 모두 아픔을 느껴야 할 것이다. 또한 한 사람이 생각을 일으킬 때 이를 모두 알아야 한다. 불성이 하나라면 마음도 하나여서 다른 마음이 있을 수 없기 때문이다.

돈오돈수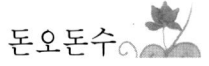

제방에 돈오돈수(頓悟頓修)에 대한 여러 가지 서로 다른 주장으로 시비가 끊어지지 않고 있다. 이로 인해 수행자들이 견성하면 더 이상 닦을 것이 없다는 그릇된 견해에 집착하거나 의심을 일으킬까 염려하여 여기에 바른 돈오돈수의 이치를 밝히고자 한다.

견성이 곧 돈오돈수라고 하는 분들이 많다.
그러나 견성이 곧 구경지인 성불이라면 돈오면 그만이지 돈수란 말은 왜 해놓았겠는가?
또한 오후보림(悟後保任)이라는 말은 무슨 말인가.

금강경에는 네 가지 상(我相, 人相, 衆生相, 壽者相)만 여의면 곧 중생이 아니라는 말이 수없이 되풀이되고 있다.
그런데 제구 일상무상분(第九 一相無相分)을 볼 때 다툼이 없는(곧 모든 상을 여읜) 삼매인(三昧人) 가운데 제일인 아라한도 구경지가 아니니 보살도를 닦아 등각을 거쳐야 구경성불인 묘각지에 이르른다는 사실을 알 수 있다.
또한, 제이십삼 정심행선분(第二十三 淨心行善分)을 보면 부처님께서 "아도 없고, 인도 없고, 중생도 없고, 수자도 없는 가운데 모든 선법(善法)을 닦아야 곧 아뇩다라삼먁삼보리를 얻는다."라고 말씀하시고 있으니 이것은 다름이 아니라 견성한 후에 견성을 한 지혜로써 항상 체성을 여의지 않고, 남은 업을 모두 닦아 본래 갖춘 지혜덕상을 원만하게 회복시켜야 구경성불할 수 있다는 말씀이다.

그렇다면 어째서 돈수일까?
'돈'이란 시공이 설 수 없는 찰나요, '수'란 시간과 공간 속에서 닦는 것이다.
단박에 마친다면 '돈'이면 그만이고, 견성 이전이든 이후든 닦음이 있다면 '수'라고만 할 것이지 어째서 돈과 수가 함께 할 수 있을까? 그야말로 물의 차고 더움은 그 물을 마셔본 자만이 알듯이 깨달은 사람만이 알 것이다.

사무쳐 깨닫고 보니 시공이 서지 않아 이러-히 닦아도 닦음이 없으니 네 가지 상이 없는 가운데 모든 선법을 닦는 것이요, 단박에 깨달으니 색공(色空)이 설 수 없어 이러-한 경지에서 닦음 없이 닦으니 네 가지 상이 없는 가운데 모든 선법을 닦는 것이다.
이와 같이 깨달아서 깨달은 바 없고, 닦아서는 닦은 바 없이 닦아, 남음이 없는 구경지인 성불에 이르는 과정을 돈오돈수라 한다.

견성하면 마음 이외의 다른 물건이 없는 경지인데 어떻게 닦음이 있을 수 있는가 하고 의심하는 분들이 많다. 그러나 견성했다 해도 헤아릴 수 없는 겁 동안에 길들여온 업으로 인하여 경계를 대하면 깨달아 사무친 바와 늘 일치하지는 못한다.

그래서 견성한 지혜로써 항상 체성을 여의지 않고 억겁에 익혀온 업을 제거하고 지혜 덕상을 원만하게 회복시켜야 구경성불할 수 있다.

이것이 앞에서 밝혔듯 금강경에서 부처님께서 하신 말씀이요, 돈오돈수를 주창한 당사자인 육조 대사님께서 하신 말씀이다.

육조단경 돈황본 이십칠 상대법편과 이십팔 참됨과 거짓을 보면 육조 대사님께서 당신의 설법언하에 대오하고도 슬하에서 3, 40년간 보림한 십대 제자들을 모아놓고 말씀하신다.

"내가 떠난 뒤에 너희들은 각각 일방의 지도자가 될 것이다. 그러므로 내가 너희들에게 설법하는 것을 가르쳐서 근본종지를 잃지 않도록 해주리라. 나오고 들어감에 곧 양변을 여의도록 하라." 하시고 삼과(三科)의 법문과 삼십육대법(三十六對法)을 설하셨다.

뿐만 아니라 2, 3개월 후 다시 십대 제자들을 모아놓고 "8월이 되면 세상을 떠나고자 하니 너희들은 의심이 있거든 빨리 물어라. 내가 떠난 뒤에는 너희들을 가르쳐 줄 사람이 없다." 하시며 진가동정게(眞假動靜偈)를 설하시고 외워 가져 수행하여 종지를 잃지 않도록 하라고 거듭 당부를 하시고 있다.

이것을 보아서도 이 사람이 말한 돈오돈수와 육조 대사께서 말씀하신 돈오돈수가 같다는 것을 알 수 있을 것이다.

다시 한 번 밝히자면 돈오란 자신의 체성을 단박에 깨닫는 것이요, 돈수란 깨달은 체성의 지혜로써 닦음 없이 닦는 것으로 이것이 곧 오후 보림이며, 수행자들이 퇴전하지 않고 구경성불할 수 있는 바른 수행의 길이다.

다음은 전등록 제 9권에서 추출한 것이다.

"돈오(頓悟)한 사람도 닦아야 합니까?"

"만일 참되게 깨달아 근본을 얻으면 그대가 스스로 알게 될 것이니 닦는다, 닦지 않는다 하는 것은 두 가지의 말일 뿐이다. 처음으로 발심한 사람들이 비록 인연에 따라 한 생각에 본래의 이치를 단박에 깨달았으나 아직도 비롯함이 없는 여러 겁의 습기(習氣)는 단박에 없어지지 않으므로, 그것을 깨끗이 하기 위하여 현재의 업과 의식의 흐름을 차츰차츰 없애야 하나니 이것이 닦는 것이다. 그것에 따로이 수행하게 하는 법이 있다고 말하지 마라.

들음으로 진리에 들고, 진리를 듣고 묘함이 깊어지면 마음이 스스로 두렷이 밝아져서 미혹한 경지에 머무르지 않으리라. 비록 백천 가지 묘한 이치로써 당대를 휩쓴다 하여도 이는 자리에 앉아서 옷을 입었다가 다시 벗는 것으로써 살림을 삼는 것이니, 요약해서 말하면 실제 진리의 바탕에는 한 티끌도 받아들이지 않지만 만행을 닦는 부문에서는 한 법도 버리지 않느니라. 만일 깨달았다는 생각마저 단번에 자르면 범부니 성인이니 하는 생각이 다하여, 참되고 항상한 본체가 드러나 진리와 현실이 둘이 아니어서 여여한 부처이니라."

"무엇이 돈오(頓悟)이며, 무엇을 점수(漸修)라 합니까?"

"자기의 성품이 부처와 똑같다는 것은 단박에 깨달았으나 비롯함이 없는 옛적부터의 습관은 단박에 제거할 수 없으므로 차츰 물리쳐서 성품에 따라 작용을 일으켜야 하니, 마치 사람이 밥을 먹을 때에 첫술에 배가 부르지 않는 것과 같다."

희비송(喜悲頌)

이름도 없고 상도 없는 일 없는 사람이
태평의 노래를 흥에 취해 불렀더니
때도 없고 끝도 없는 구제의 일이
대천세계에 충만히 펼쳐졌네

無名無相無事人
太平之歌唱興醉
無時無端救濟事
大千世界布充滿

정신송(正信頌)

이름도 없고 상도 없는 이 바탕인 몸이여
이 바탕을 깨달은 믿음이라야 이 바른 믿음이라
이와 같은 믿음이 없이는 마음이 나라 말라
눈 광명이 땅에 떨어질 때 한이 만단이나 되리라

無名無相是地體
悟地之信是正信
若無是信莫心我
眼光落地恨萬端

진심송(眞心頌)

이름도 없고 상도 없는 이 진공이여
공이라는 공은 공이라 함마저도 없는 이 참 바탕이라
이와 같은 바탕이라야 이 공인 몸이니
이와 같은 몸이 아니면 참다운 마음이 아니니라

無名無相是眞空
空空無空是眞地
如是之地是空體
如是非體非眞心

업신송(業身頌)

업의 몸이란 것은 고통의 근본이요
업의 마음이란 것은 환란의 근본이니라
업의 행이란 것은 다툼의 근본이요
업의 일이란 것은 허망의 근본이니라

業身乃苦痛之本
業心乃患亂之本
業行乃鬪爭之本
業事乃虛妄之本

보림송(保任頌) 1

업의 몸을 다스리는 데는 계행이 최상이요
업의 마음을 다스리는 데는 인내가 최상이니라
계행과 인내로 잘 다스리면 보림이 순조롭고
보림이 잘 이루어지면 구경에 이르느니라

治業身之戒最上
治業心之忍最上
善治戒忍順保任
善成保任至究竟

보림송(保任頌) 2

육신의 욕망은 하나까지라도 모두 버려야 하고
육신을 향한 생각은 남음이 없이 버려야 하느니라
이와 같이 보림하면 업이 중한 사람일지라도
당생에 반드시 구경지를 성취하리라

肉身欲望捨都一
肉身向思捨無餘
如是保任重業人
當生必成究竟地

공성본질송(空性本質頌) 1

무극인 빈 성품의 본래 몸은
언어나 마음과 행위로 표현 못 하나
모든 부처님과 만물이 이로 좇아 생겼으며
궁극에 일체가 돌아가 의지할 곳이니라

無極空性之本體
言語道斷滅心行
諸佛萬物從此生
窮極一切歸依處

21세기에 인류가 해야 할 일

　이 사람은 1962년 26세 때부터 21세기에 인류에게 닥칠 공해문제, 에너지문제를 예견하고 대체에너지(무한원동기, 태양력, 파력, 풍력 등) 개발과 '울 안의 농법'을 연구하고 그 필요성을 많은 이들에게 이야기해 왔습니다.

　당시에는 너무 시대를 앞서가는 이야기여서인지 일반인들이 수용하지 못하고 오히려 불신의 눈으로 바라보며 이 사람의 법마저 의심하였습니다. 하지만 현대에 있어서는 이것이 인류가 해결해야 할 가장 절박한 사안이 되어 있습니다.

　'사막화방지 국제연대'를 설립한 것도 현재 인류가 해결해야 할 가장 절박한 지구환경문제를 이슈화시키고 그 해결책을 제시하여 재앙에 직면한 지구촌을 살리기 위해서입니다.

　'사막화방지 국제연대'에서 추진하고 있는 사막화 방지, 지구 초원

화, 대체에너지 개발은 온 인류가 발 벗고 나서서 해야 할 일입니다.

첫 번째 사막화 방지에 있어서 기존에 해왔던 '나무심기 사업'은 천문학적인 예산과 많은 인력을 동원하고도 극도로 황폐한 사막화된 환경을 되살리는 데 실패하였습니다.

그래서 이 사람은 사막화 방지에 있어서는 '사막 해수로 사업'을 새로운 방안으로 제시하였습니다.

사막 해수로 사업은 사막화된 지역에 수도관을 매설하여 바닷물을 끌어들여서 염분에 강한 식물을 중심으로 자연생태계를 복원하는 사업입니다.

이것은 나무심기 사업으로 심은 나무들이 절대적으로 물이 부족하여 생존할 수 없었던 문제를 해결할 수 있는, 현재로서는 유일한 해결책입니다.

그러나 '사막화방지 국제연대'의 목적은 사막이 확장되는 것을 방지하자는 것이지 사막 전체를 완전히 없애자는 것은 아닙니다. 인체에서 심장이 모든 피를 전신의 구석구석까지 골고루 보내어 살아서 활동하게 하듯이 사막은 오히려 지구의 심장 역할을 하는 중요한 곳이기 때문입니다.

그래서 21세기에 있어서는 다만 사막의 확장을 방지할 뿐 아니라 사막을 어떻게 운용하느냐를 연구해야 합니다.

사막에 바둑판처럼 사방이 막힌 플륨관 수로를 설치하여 동, 서, 남, 북 어느 방향의 수로를 얼마만큼 채우느냐 비우느냐에 따라, 사막으로부터 사방 어느 방향으로든 거리까지 조절하여, 원하는 지역에 비를 내리게 하고 그치게 할 수 있습니다. 철저히 과학적인 데이터에 의해 이렇게 사막을 운용함으로써 21세기의 지구를 풍요로운 낙원시대로 만들어가야 합니다.

　두 번째로 지구를 초원화할 수 있는 방안으로 3년간의 실험을 통해, 광활한 황무지 지역을 큰 비용을 들이거나 많은 인력을 동원하지 않고도 짧은 시간 내에 초지로 바꿀 수 있는 식물을 찾아냈습니다.

　그것은 바로 '돌나물'입니다. 돌나물은 따로 종자를 심을 필요가 없이 헬리콥터나 비행기로 살포해도 생존, 번식할 수 있으며, 추위와 더위, 황폐한 땅에서도 살아남을 수 있는 생명력과 번식력이 강한 식물입니다.

　지구환경을 되살리는 초지조성 사업에 있어서 이것이 큰 도움이 되리라 생각합니다.

　세 번째의 대체에너지 개발에 있어서는 태양력, 파력, 풍력 등 1962년도부터 이 사람이 연구하고 얘기해왔던 방법들이 이미 많이 개발되어 실용화한 단계에 있습니다.

　이 세 가지 일은 한 개인이나 한 국가가 할 수 있는 일이 아닙니다. 모든 국가가 앞장서서 전세계적인 사업으로 이루어져야 합니다. 모든 국가가 함께 하는 기금조성이 이루어져야 하고 기금조성에 참여한 국가는 이 시스템에 의한 전면적인 혜택을 입을 수 있도록 해야 합니다.

　인류 모두가 지혜를 모아 이 일에 전력을 다한다면 인류는 유사 이래 가장 좋은 시절을 맞이하게 될 것이며, 만약 이 일을 남의 일인 양 외면한다면 극한의 재앙을 면할 수 없을 것입니다.

　이 사람이 오래 전부터 얘기해왔던 '울 안의 농법'은 이미 미국 라스베이거스(Las Vegas)에서 30층짜리 '고층 빌딩 농장'으로 구현되었습니다. 그렇게 크게도 운영될 수 있지만 각자 자신의 집에서 이루어지는 '울 안의 농법'도 필요합니다.

21세기에 있어서 또 하나 인류가 만일의 사태를 대비해서 연구, 추진해야 될 일이 있다면 바닷속에서의 수중생활, 수중경작입니다.

지구 온난화가 심화될 경우, 공기가 너무 많이 오염될 경우, 바닷물이 높아져 살 땅이 좁아질 경우 등에 대비할 때, 인류는 우주에서의 삶보다는 바닷속에서의 삶을 준비해야 합니다. 왜냐하면 그것이 훨씬 수월하고 비용도 절감할 수 있기 때문입니다.

이렇게 깨달은 이는 이변적으로는 깨달음을 얻게 하여 영생불멸의 삶을 영위할 수 있도록 만인을 이끌어야 하며 사변적으로는 일반인이 예측할 수 없는 백 년, 천 년 앞을 내다보아 이를 미리 앞서 대비하도록 만인의 삶을 이끌어줘야 한다고 생각합니다.

불법의 뜻은 다만 진리 전수에만 있는 것이 아니니, 만인이 서로 함께 영원한 극락을 누릴 때까지 물심양면으로, 이사일여로 베풀어 교화해야 하기 때문입니다.

가슴으로 부르는 불심의 노래

　여기에 실린 가사는 모두 농선 대원 선사님께서 직접 작사하신 것이다. 수행의 길로 들어서게끔 신심, 발심을 북돋아주는 가사로부터 수행의 길로 접어든 이의 구도의 몸부림이 담겨있는 가사, 대승의 원력을 발해서 교화하는 보살의 자비심과 함께 낙원세계를 누리는 풍류를 그려놓은 가사까지 한마디, 한마디가 생생하여 그 뜻이 뼛속 깊이 새겨지고 그 멋에 흠뻑 취하게 된다. 농선 대원 선사님께서는 거칠고 말초적인 요즘의 노래를 듣고 이러한 정서를 순화시키고자, 또한 수행의 마음을 진작시키고자 하는 뜻에서 이 가사들을 쓰셨다.

 그래야지

1.
마음으로 물질로써
갖가지로 베푸는 것
생활화한 국민되어
이뤄내는 국가되세
그래야지 그래야지
얼씨구나 좀 더 좋다

그런 이웃 그런 나라
이뤄내서 사노라면
모든 나라 따르리니
그리되면 지상낙원
그래야지 그래야지
얼씨구나 좀 더 좋다

별중의 별 될 것이니
선조의 뜻 이룸이라
후손으로 할 일 해낸
자부심이 치솟누나
그래야지 그래야지
얼씨구나 좀 더 좋다

얼씨구야 절씨구야
좀 더 좋고 좀 더 좋다
얼씨구야 절씨구야
좀 더 좋고 좀 더 좋다

아리랑 아리랑 아라리요
아리랑 고개를 넘어간다

2.
그래야지 그래야지
혼자 삶이 아닌 세상
웬만하면 넘어가는
아량으로 살아가세
그래야지 그래야지
얼씨구나 좀 더 좋다

부딪히면 틀어져서
소통의 길 막히나니
그러므로 눈 감아줘
참는 것이 상책일세
그래야지 그래야지
얼씨구나 좀 더 좋다

걸린 생각 비워내서
한결같이 사노라면
복이되어 돌아옴을
실감할 날 있을 걸세
그래야지 그래야지
좀 더 좋고 좀 더 좋다

얼씨구야 절씨구야
좀 더 좋고 좀 더 좋다
얼씨구야 절씨구야
좀 더 좋고 좀 더 좋다

아리랑 아리랑 아라리요
아리랑 고개를 넘어간다

 마음

1.
시작도 없는 마음
끝남도 없는 마음

온통으로 드러나
언제나 같이 있어

어떤 것도 가릴 수
전혀 없는 그 마음

고고하고 당당한
영원한 마음일세

아리랑 아리랑 아라리요
아리랑 고개를 넘어간다
청천 하늘에 잔별도 많고
요내 가슴에는 희망도 많다

2.
모두를 마음으로
시도를 뭐든 해봐

안되는 일 없어서
사는 데 불편없고

하고프면 하면 돼
뜻 펼치는 삶이니

즐겁고도 즐거운
누리는 삶이로세

아리랑 아리랑 아라리요
아리랑 고개를 넘어간다
청천 하늘에 잔별도 많고
요내 가슴에는 희망도 많다

사는게 아리랑 고개

1.
이 마음이 내가 되니
나고 죽음 본래 없고
이리 보고 저리 봐도
허공까지 내 몸일세
신기하고 신기하다
신기하고 신기해

이 마음이 내가 되니
안 되는 일 전혀 없어
잡된 생각 사라지고
두려움도 없어졌네
신기하고 신기하다
신기하고 신기해

이 마음이 내가 되니
끝이 없이 자유롭고
잠 못 이룬 괴로움과
공황장애 흔적 없네
신기하고 신기하다
신기하고 신기해

아리랑 아리랑
아라리요
아리랑 고개를 넘어왔다

2.
이 마음이 내가 되니
맘 먹은 일 순조롭고
살아가는 나날들이
마음광명 누림일세
신기하고 신기하다
신기하고 신기해

이 마음이 내가 되니
마음광명 누림이라
나날들이 평화롭고
자신감이 넘쳐나네
신기하고 신기하다
신기하고 신기해

이 마음이 내가 되니
대인관계 순조로와
일일마다 즐거웁고
웃음꽃이 피어나네
신기하고 신기하다
신기하고 신기해

아리랑 아리랑
아라리요
아리랑 고개를 넘어왔다

불보살의 마음

1.
자비, 그 자비는 눈물이었네
불나방이 불을 쫓듯 가는 이
그래도 못 잊어서 버리지 못해
저리는 저리는 가슴, 그 가슴 안고서
눈물, 피눈물로 저리 부르네

2.
자비, 그 자비는 눈물이었네
제 살 길을 저버리는 이들을
그래도 못 잊어서 버리지 못해
저리는 저리는 가슴, 그 가슴 안고서
눈물, 피눈물로 저리 부르네

나의 노래

1.
노세 노세 봄놀이하세
대천세계 이 봄 경치
한산 습득 친구 삼아
호연지기 즐겨볼까
얼씨구나 절씨구
아니나 즐기고 무엇하리

2.
노세 노세 봄놀이하세
걸음 쫓아 이른 곳곳
문수 보현 벗을 삼아
화엄광장 춤춰볼까
얼씨구나 절씨구
아니나 즐기고 무엇하리

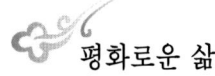 평화로운 삶

1.
이 몸을 나로 아는
하나의 실수로서
우주가 생긴 이래

얼마나 많은 고통
겪어들 왔었던가
치떨린 일이로세

뭘 해야 그 반복을
금생에 끊어버려
그 고통 벗어날까

생각코 생각하니
그 해결 내게 있네
마음이 나 된걸세

아리랑 아리랑 아라리요
아리랑 고개를 넘어간다
청천 하늘엔 잔별도 많고
이내 가슴엔 희망도 많다

2.
마음이 내가 되면
그 어떤 것이라도
더 이상 필요찮고

마음이 내가 되면
미묘한 갖은 공덕
스스로 갖춰 있고

마음이 내가 되면
그 모든 근심 걱정
씻은 듯 사라지고

마음이 내가 되면
이 생과 저 세상이
당초에 없는 걸세

아리랑 아리랑 아라리요
아리랑 고개를 넘어간다
청천 하늘엔 잔별도 많고
이내 가슴엔 희망도 많다

3.
마음이 내가 되면
어제와 내일 일을
눈 앞 일 알 듯하고

마음이 내가 되면
신분이 관계 없이
서로가 평등하며

마음이 내가 되면
모든 일 뜻을 따라
원만히 이뤄지고

마음이 내가 되면
걸림이 없는 그 삶
저절로 이뤄지네

아리랑 아리랑 아라리요
아리랑 고개를 넘어간다
청천 하늘엔 잔별도 많고
이내 가슴엔 희망도 많다

잘 사는 게 불법일세

1.
잘 사는 게 불법일세
우리 모두 관음보살 지장보살 생활 속에 모시면서
마음 비운 나날들로 바른 삶을 하노라면
불보살님 가피 속에 뜻 이뤄서 꽃을 피운
그런 날이 있을 걸세

2.
잘 사는 게 불법일세
우리 모두 관음보살 지장보살 생활 속에 모시면서
마음 비워 살아가며 시시때때 잊지 않고
참나 찾아 참구하는 그 정성도 함께하면
좋은 소식 있을 걸세

3.
잘 사는 게 불법일세
우리 모두 관음보살 지장보살 생활 속에 모시면서
틈틈으로 회광반조 사색으로 참나 깨쳐
화장세계 장엄하고 얼쉬얼쉬 어울리며
영원토록 웃고 사세

농선 대원 선사 법문 mp3 주문 판매

* 천부경 : 15,000원
* 신심명 : 30,000원
* 현종기 : 65,000원
* 기우목동가 : 75,000원
* 반야심경 : 1회당 5,000원 (총 32회)
* 선가귀감 : 1회당 5,000원 (총 80회)

* 금강경 : 40,000원
* 법성게 : 10,000원
* 법융선사 심명 : 100,000원

농선 대원 선사 작사 CD 주문 판매

* 가슴으로 부르는 불심의 노래 1,2,3집
  각 : 1만 5천원
* 유튜브에서 채널 구독하시고 무료로 찬불가 앨범을 감상하세요

주문 문의 ☎ 031-534-3373

유튜브에서 채널 구독하시고
무료로 찬불가 앨범을 감상하세요

유튜브에서 MOONZEN을 검색하시거나
아래의 주소로 접속해주세요

http://www.youtube.com/user/officialMOONZEN